LE DAUPHINÉ HISTORIQUE

LE PRÉSIDENT

ÉMILE LOUBET

PAR DES ÉCRIVAINS DAUPHINOIS

GRENOBLE
ALEXANDRE GRATIER & Cie

LE PRÉSIDENT

ÉMILE LOUBET

Le Président Émile Loubet

Le Dauphiné Historique

Le Président
Emile LOUBET

Par des Écrivains Dauphinois

GRENOBLE
Alexandre Gratier & Cie
Editeurs

1900

LE PRÉSIDENT

Emile LOUBET

Un homme s'élève de la foule, au milieu d'une démocratie ; porté par le suffrage de ses concitoyens, il atteint aux plus hautes situations de la République ; il est un jour le premier citoyen du pays, son représentant devant le monde, l'égal des rois et des empereurs, non par lui-même, mais par la somme de traditions, de labeurs, de volontés qu'il représente.

Il est ému de sa haute fortune, il en est fier ; ses compatriotes, les citoyens du petit coin de terre où il est né, ceux qui l'ont connu dans les diverses étapes de sa vie, ceux mêmes de sa race et de sa province, se réjouissent d'être honorés en lui.

On recherche ses origines, on fait l'analyse de sa carrière, on constate qu'il est *peuple* du plus profond de son être, que toute son histoire résume l'histoire de son pays ; qu'il a souffert, lutté, travaillé ou tracé posément son sillon avec cette prudence et cette unité de plan qui sont les vertus du terroir ; chacun de ses compatriotes s'admire en lui, se voit en cette image populaire dessiné de la tête aux pieds ; et il se trouve que la démocratie se réalise en ce qu'elle a de meilleur et de plus précis dans le brave homme très digne qui la représente.

De sorte qu'il peut dire aux monarques embarrassés de leur droit divin : « Majesté, vous êtes chez vous un principe et le peuple en est un autre ; je suis le peuple, tout simplement ; je suis l'unité qui se multiplie à des millions d'exemplaires. Je m'appelle *légion* et, dans l'espèce, *peuple français*, dont la noblesse remonte à la nuit des temps, puisqu'il est issu de la Gaule et de Rome. »

Rien de plus difficile que ce rôle à tenir.

L'homme revêtu d'un si haut mandat demeure intégralement ce qu'il était : un citoyen comme les autres ; il est le premier de ses égaux, sans cesser d'avoir au-dessus de lui tout ce qui est éclatant en soi, les hommes de grand talent, voire de génie, qui illustrent la nation, les conducteurs de foules, les chefs de hautes entreprises, tout ce que l'on salue avec orgueil ; mais quand un Puvis de Chavannes, grand de tout un quart de siècle glorieux, s'inclinait devant Carnot, il saluait simplement la majesté du peuple français à qui lui, peintre, était redevable de son génie.

C'est pourquoi il serait absurde de souhaiter que ce peuple fût représenté par des êtres d'exception.

Il est juste, sage, légitime qu'il élise, pour cette mission, des hommes en qui les essentielles vertus dont il est doué se condensent dans un harmonieux équilibre ; mais pour le rôle très spécial qu'ils doivent jouer, rien n'est plus nécessaire que de choisir entre tous, des personnages rompus aux difficiles questions qui sont le pain quotidien de la politique ; toutes les républiques l'ont fait, sachant bien qu'elles ne pouvaient point l'éviter sans péril, car l'ignorance en cet ordre d'idées est une cause d'erreurs constantes.

C'est ainsi que la grande démocratie américaine met à sa tête des hommes qui ont appris les grandes affaires publiques dans l'exercice des mandats les plus graves. La Suisse fait de même ; les présidents de la confédération ont été souvent des juristes très distingués et des orateurs de parti auxquels nulle question d'ordre public n'était étrangère.

Le dilettantisme français attache on ne sait quelle idée de médiocrité, de petitesse, à tout ce qui regarde la politique.

C'est l'inévitable résultat de l'encombrement des fonctions électives par des hommes souvent inférieurs à leur mission. La République a usé beaucoup de talents remarquables et elle n'a point trouvé à ses débuts un personnel rompu au maniement des hommes et des choses. Mais combien d'intelligences de premier ordre n'a-t-elle pas eues à son service depuis vingt-cinq ans ?

En fait, nos dédains pour la politique n'expriment pas autre chose que le dépit des partis vaincus.

Depuis les origines des sociétés, on a toujours reconnu qu'il n'est point de mission plus grande ni plus difficile que de diriger les affaires de tous et cette direction est infiniment plus délicate dans une démocratie, où l'action du pouvoir s'exerce par une constante application à peser, à mesurer, à persuader, que dans un régime despotique, où le maître, monarque ou ministre, peut se contenter de vouloir avec énergie ce qu'il veut.

Mais aussi les démocraties n'appellent aux postes importants du gouvernement que des hommes éprouvés dans les mandats secondaires.

Il ne faut pas moins de sens pratique et d'intelligence, pour diriger les affaires municipales d'une ville que pour mener un ministère ; les difficultés ne se mesurent pas au chiffre des intérêts en jeu. Un maire est plus puissant dans son hôtel de ville, plus exposé à se tromper, plus surveillé par l'opinion qui voit de près toutes choses, qu'un préfet ne l'est dans sa préfecture, ou un membre du gouvernement dans son cabinet, où vient aboutir le travail matériel des bureaux.

Quelle expression mathématique pourrait donner le total du labeur et de la lucidité d'esprit que comportent la vie communale en France, l'activité des hommes chargés de si lourds et de si délicats intérêts ? Quand le citoyen investi de la confiance publique dans sa petite cité voit renouveler à plusieurs reprises et indéfiniment son mandat, en dépit des ambitions rivales, des inimitiés que les moindres actes de la vie publique ne manquent pas d'éveiller, considérez ce simple administrateur comme un homme de prudence, de sage conseil et de supérieure raison.

Pour un grand nombre de politiques, c'est ici l'étape nécessaire vers les mandats supérieurs. L'exercice de chacun d'eux est encore un apprentissage de grande valeur. C'est dans les conseils généraux que l'on apprend le mécanisme de l'impôt et que l'on apprécie le juste et l'injuste en matière de répartitions. L'assiduité aux commissions départementales et la présidence de ces assemblées sont le plus parfait observatoire d'où apparaissent les grandes lignes de l'administration et de la politique pratique. Là commence aussi l'art de diriger les hommes et de se diriger soi-même parmi leurs passions, leurs intérêts et leurs aspirations divergentes.

Le mandat de député est infiniment moins difficile à remplir, et il est de fait que nombre d'élus s'en acquittent un peu à l'aveugle, sans que leur ignorance apparaisse : une unité s'efface dans la foule des huit cent quatre-vingts parlementaires de nos assemblées.

Il est indispensable, pour être un homme politique de compétence absolue, d'avoir occupé les charges qui impliquent une responsabilité personnelle et mettent le citoyen en relief, quel que soit le milieu. Ici plus qu'ailleurs c'est la supériorité intellectuelle, l'énergie, la compétence, la raison, le jugement droit qui font le succès. Rarement l'audace et le brillant extérieur s'imposent.

En dehors de toutes questions de parti, et simplement en tenant compte des divergences d'opinion qui écartent des hommes d'égale valeur, il est certain que l'ascension normale d'un homme politique, devenu maire, président du conseil général, député, sénateur, ministre, président du conseil, président du Sénat et président de la République, n'étant due en aucune manière à la faveur, implique un ensemble de qualités, une harmonie particulière dans les aptitudes qui impose le respect et autorise l'admiration.

Les démocraties seules peuvent présenter un pareil exemple d'ordre et de dignité dans la carrière d'un chef de peuple, d'un homme chargé des plus graves intérêts.

La poussée de sentiment démocratique, qui nous avait valu la présidence de Carnot, a mis au premier rang de la République un homme qui s'était révélé administrateur habile, député travailleur, sénateur plein de zèle pour la chose publique et qui avait traversé le gouvernement dans les temps troublés, non sans se heurter à des difficultés dont nous parlerons ici en toute franchise, mais de telle sorte que les passions de l'heure n'avaient pas trouvé de prise et s'étaient détournées de lui. Il succédait enfin, à la présidence du Sénat, à cette haute, sombre, morose et triste figure que fut Challemel-Lacour, lequel succédait lui-même à Jules Ferry. Ces deux derniers étaient morts à la tâche. M. Loubet l'entreprenait à peine depuis quelques mois.

Racontant ici son histoire et désireux de peindre l'homme en justice et sincérité, nous reviendrons sur ce passage de sa vie. Il nous a paru indispensable d'indiquer par quel processus et dans quelles conditions de haute compétence le président de la République fut élu, au mois de février 1899.

On a vu des votes de surprise, d'étranges coalitions de partis faire surgir un homme entre beaucoup d'autres aussi qualifiés.

Il est absolument faux de croire que le choix, même s'il est fait dans ces fâcheuses conditions, ne se règle pas en vertu de certaines aptitudes, d'une supériorité reconnue.

Si le suffrage de l'assemblée nationale s'égare, c'est toujours en parfaite bonne foi et ses erreurs, qui furent rares, le deviendront de plus en plus à mesure que, la République étant moins contestée, les prétendants et leurs partis auront moins de chances de faire dévier le libre choix logique par l'intervention de leurs bulletins en masse.

Nous tenons pour assuré, et l'histoire le dira, que la politique de notre temps, dédaignée surtout par ceux qui n'ont pas la bonne fortune de la mener, a fourni, sinon en grand nombre, du moins en suffisante proportion — et dans tous les partis — des hommes de valeur qui furent et resteront aux yeux de l'avenir les plus lucides intelligences de leur génération.

Ceux-là sont les premiers entre tant d'autres, qui ont connu une à une les responsabilités lourdes et sérieuses de toutes les charges publiques et qui s'en sont tirés à leur honneur.

Le génie des écrivains, des artistes — nous n'osons parler, hélas! du génie guerrier — est en quelque manière au-dessus de ces vertus pratiques ; il n'en égale pas la hauteur parce qu'il est spécialité et que, peut-être, de toutes les destinées auxquelles les citoyens sont appelés à s'égaler, aucune n'exige plus de sens et de supériorité en tous les ordres, que la conduite des hommes.

Grévy y excellait. Il avait un beau passé, une fermeté de caractère rigide, quelque chose de très fin à la fois et de très rude. Il avait traversé la nuit profonde, la terrible nuit de fêtes de l'Empire, le front haut, très digne, entouré par l'estime des républicains. Il était, d'une intelligence matoise et ronde de Jurassien, le plus obstiné des hommes et le plus calme à la fois. Qualités d'un pays moyen où le montagnard, très développé en raison, garde quelque chose de l'âpreté de son sol.

Carnot fut un homme tout autre, déjà plus loin de la terre et des qualités un peu brutales qu'elle imprime à ceux qui viennent d'elle : une intelligence entièrement élevée sur le plan des idées pures, fils, petit-fils, arrière-petit-fils d'ingénieurs, de mathématiciens dix fois illustres, d'hommes qui étaient montés jusqu'à la région de la foudre. L'aïeul était un personnage de l'histoire ; le père, porté par sa fortune à de plus grandes situations, n'en avait pas moins suivi dans ce siècle la formidable poussée des esprits vers les horizons nouveaux.

Qui se souvient du saint-simonisme, hors des érudits? Ce rêve de conquérir la terre pour en faire le domaine admirable et inaliénable de l'homme, de bâtir sur le dogme du travail et du progrès une religion universelle, n'a pas abouti aux conséquences que l'on en attendait. Mais il fut fécond comme tous les grands désirs. C'est lui qui a commencé le mouvement industriel et social de notre temps. C'est à lui que la France a dû, pendant un tiers de siècle, ce développement scientifique et commercial qui ouvrit l'isthme de Suez, sillonna la terre de chemins de fer, les océans de câbles télégraphiques.

Ces enthousiastes novateurs étaient des mathématiciens passionnés, des fervents de l'X symbolique, des ingénieurs, des constructeurs, des soldats. Carnot était né dans cette fièvre ; il avait l'âme austère et haute de l'homme dont la spéculation mathématique a absorbé tous les instants. Ce sont là des tensions cérébrales qu'une race ne supporte point pendant de longues générations, mais dont la beauté s'épanouit dans un des anneaux de la chaîne. C'est ce qui fit de lui un type incomparable de magistrat, l'honnête homme absolu, incapable d'une compromission, gardant, par une sorte de roidissement extrême de sa volonté, sa vie au dessus, non seulement des laideurs vulgaires, mais encore des petits accommodements de conscience auxquels nous nous résignons tous à l'ordinaire, avec plus ou moins de bonne foi. Celui-là, à vrai dire, était exceptionnel, non pas tant pour cette extraordinaire vertu que pour la différence de sensations, de compréhension entre la foule et lui.

Aucune République ne peut s'attacher à la recherche de pareilles natures. S'il en est, elles sont rarement harmonieuses. C'est par exception que Carnot, sous le masque froid de sa volonté, gardait un cœur d'homme tendre, bon, accessible et surtout modeste.

La France, ce pays où le sol contient tant d'arômes délicats et divers, donne à ses enfants, suivant le coin de patrie qui les a vus naître, de singulières qualités, comme ses terroirs donnent aux bordeaux savoureux, aux chauds bourgognes, aux vins légers du Dauphiné, les parfums divers qu'un palais avisé ne saurait jamais confondre. Michelet a, plus d'une fois, noté dans la nature des grands hommes, ou seulement des personnages historiques français, des analogies pénétrantes de tempérament, par exemple, entre les terribles raisonneurs de l'Artois : Calvin et Robespierre ; entre les sonores orateurs de la Bourgogne : Saint-Bernard, Bossuet, Lamartine ; entre ces Bretons inquiets et tristes : Abeilard, Renan. Il aurait pu en nommer d'autres, poursuivre ces classifications bien connues de l'esprit national dans ses diversités ataviques.

L'historien de l'avenir reconnaîtra dans M. Loubet le Dauphinois complet, avec toutes les qualités positives ou négatives que le terroir comporte : l'esprit d'initiative armé d'extrême prudence, le goût de l'ordre et de la raison, l'amour du travail poussé au point où il dépasse de beaucoup le tempérament des autres provinces de France, une extrême bonté, un sentiment très profond de la justice. A la finesse un peu lourde du Jurassien Grévy, il convient d'opposer ici le sens aiguisé de la difficulté à vaincre, un certain art de voir venir le péril et de le terrasser, une bonne grâce infinie devant le destin contraire qui, prévu, laisse l'homme impassible, si froid en apparence que rien ne permet de l'en croire atteint et que la défaite vaut une victoire. Vertus de grande force, entendez-le bien, parce qu'elles se nomment, en d'autres circonstances, perspicacité et sang-froid, et qu'un peuple a besoin de se sentir sauvegardé par là. Vertus dangereuses aussi quand l'homme qui en a le don est ignorant ou de conscience basse.

Il n'est pas un philosophe qui puisse refuser d'admettre, comme une supériorité rare, l'aptitude à les mettre en œuvre sans rien sacrifier de la dignité personnelle.

Il faut, en un temps où les plus grands actes de civisme et de raison sont dénaturés par la haine, préciser ainsi toutes choses et ne rien laisser dans l'ombre. Le bons sens et la justice auront leur heure et les impressions que tant de violences exaspérées ont pu jeter dans les esprits ne tarderont pas à s'évanouir.

Il était impossible, à notre sens, de commencer une pareille étude sans donner les raisons qui font de cette carrière pleine d'honneurs la juste récompense d'efforts loyaux, et sans exposer en ses grandes lignes les apparences générales d'un tempérament dont la terre du Dauphiné fournirait au psychologue de nombreux et souvent de pittoresques exemples.

CHAPITRE PREMIER

Le jeudi 16 février 1899, à dix heures du soir, M. Félix Faure, président de la République française, mourait subitement, foudroyé par une congestion cérébrale.

La République n'avait jamais traversé une crise plus grave que celle dont les péripéties se déroulaient à l'heure même où cet événement imprévu mettait en émoi le palais de l'Elysée, Paris et la France.

L'affaire Dreyfus avait divisé le pays d'une manière effroyable.

Deux mois auparavant, M. Brisson étant président du conseil et M. Sarrien ministre de la justice, la demande en revision déposée par Mme Dreyfus avait été reçue, et le garde des sceaux avait saisi, en vertu de la loi, la Chambre criminelle de la Cour de cassation. Cette décision, bien qu'elle pût seule, en un si grand désarroi moral, amener une solution légale de cette triste affaire, avait exaspéré au plus haut point les colères de ce parti qui devait plus tard adopter l'étiquette nationaliste.

Cependant une sorte d'accalmie s'était produite au moment où la Cour suprême poursuivait son enquête dans le plus grand secret.

Vers les premiers jours de janvier, des accusations encore indécises furent publiées par divers journaux contre certains membres de la Chambre criminelle, dont les sentiments favorables à la revision étaient connus. Elles émanaient de M. Quesnay de Beaurepaire, président de la Chambre civile à la même Cour. Le 14 janvier, une enquête fut ordonnée par M. Mazeau, premier président. Le 30 janvier, une loi exceptionnelle était déposée par M. Dupuy, président du conseil, à la Chambre des députés, en vue de dessaisir la Chambre criminelle et de remettre l'affaire à la Cour de cassation, toutes chambres réunies. La loi était votée à la Chambre le 10 février, au milieu d'une polémique de presse dont la fureur n'avait pas encore eu d'exemple. Elle le fut au Sénat le 27 février, onze jours après la mort de M. Félix Faure, neuf jours après l'élection de M. Loubet.

Nous n'indiquons ces points curieux que pour rappeler les dates. Les faits, tout le monde les connaît, et tout le monde se rappelle, par le rapprochement de l'impression qu'ils ont laissée et des notes que nous venons de donner, à quelle acuité s'était élevée, à cette heure de notre histoire, la passion des partis rivaux.

La flamme qui a mis la France entière en effervescence est aujourd'hui éteinte en quelque manière, et il ne sera pas sans intérêt d'observer combien l'influence considérable du nouveau président de la République française a eu de part en cet apaisement. Mais il est impossible de ne pas observer aussi qu'à ce grave moment, où le désordre mental était extrême, les partis ennemis de la République avaient repris l'assurance depuis si longtemps perdue. Nous pouvons en parler aujourd'hui, sinon en toute liberté, du moins avec assez de froideur pour ne blesser personne et ne pas sortir de la vérité.

Les accusations et les injures étaient tellement odieuses, que les deux factions opposées arrivaient au comble de l'exaspération.

Tant qu'il ne s'était agi que de personnages impliqués dans la lutte, les invectives n'avaient pas grande portée. Mais voici que le plus grand corps de l'Etat, le souverain interprète des lois, la Cour de justice, dont le nom solennel apparaissait aux masses dans un lointain redoutable et mystérieux, cette assemblée de magistrats accablés de travaux et d'années et qui, siégeant avec un appareil emprunté aux plus imposantes traditions du passé latin, semblait perpétuer la majesté des parlements et des cours souveraines, était accusée de la plus basse et de la plus infâme vénalité.

L'opinion, dont on ne saurait trop louer l'incomparable, la bien française sagesse, était cependant émue. Il devait être facile aux agités, aux violents, aux partisans des régimes déchus, de mener jusqu'au bout le scandale et de susciter tels incidents d'où un coup d'Etat pouvait sortir.

Les événements qui ont suivi ont mis en lumière de tels préparatifs pour l'émeute, de telles aspirations à la violence, que l'on ne peut pas douter du danger que couraient alors et la République et la paix sociale. Il n'est pas certain que le Gouvernement y eût résisté avec énergie. Il suivait le mouvement, peut-être pour le mieux diriger. Il y a, dans ces journées du 10 au 18 février, une foule d'actions en présence, dont on aurait besoin de connaître le lien pour écrire l'histoire et qui, pour le dépit de notre curiosité, demeureront toujours ignorées sans doute.

Ce sont ces énergies en attente et prêtes à se jeter dans la mêlée, dont l'élan aboutit, lorsqu'il n'était plus temps, aux scandales de la gare Saint-Lazare, de Reuilly et d'Auteuil.

On croyait avoir le loisir d'attendre. Le coup de foudre, dans la nuit du 16 au 17 février, imposa vingt-quatre heures d'accalmie relative. Mais nos petits-fils seront heureux, parce qu'il leur sera donné de connaître, par les mémoires, cette part de l'histoire de notre temps, plus intéressante peut-être que l'histoire vraie, telle que nous l'avons vécue et qui consiste dans le plan avorté des combattants de cette lutte étrange.

Où allaient-ils et que voulaient-ils ?

Auraient-ils fait ce qu'ils ont fait s'ils avaient prévu

Madame Émile Loubet

la mort soudaine du président et les événements qui l'ont suivie ? Cette loi du dessaisissement que la Chambre et le Sénat ne pardonnèrent pas au ministre qui la leur avait suggérée n'aurait pas été écartée d'avance ? Et ces premières étapes d'une campagne à peine commencée, où nous mèneraient-elles en suivant le chemin jusqu'au bout ?

Ni les gouvernements, ni les individus ne comptent assez avec ce partenaire redoutable de tout jeu humain qui s'appelle l'Imprévu.

C'est lui qui nous glace le sang aux veines ou nous rend l'espoir perdu ; quand il apparaît sous cette forme éternelle et toujours stupéfiante de la mort, son effet est énorme, rapide, irréparable.

Au conseil des ministres qu'il avait présidé le matin, M. Félix Faure avait reçu les échos du tumulte extérieur et le Gouvernement s'était vu obligé d'interdire aux officiers toute participation à certain plébiscite organisé dans l'armée par une ligue récemment fondée.

Il avait donné pour le vendredi matin un rendez-vous à M. Laferrière, Gouverneur général de l'Algérie, afin de l'entretenir de ses vues sur la situation morale et politique de la colonie, où l'émeute menaçait de provoquer de graves complications.

C'est à dix heures du soir, le jeudi, que le président Félix Faure mourut. Il avait occupé sa haute magistrature pendant quatre ans et un mois.

Il faisait cette nuit-là, en dépit de la saison, un temps

superbe et une température tiède. La foule était nombreuse sur les boulevards.

La nouvelle se répandit parmi les promeneurs et fut officiellement confirmée vers l'heure de la sortie des théâtres. Dans l'émotion qu'elle produisit, il était facile de reconnaître chez les républicains une inquiétude extrême et le sentiment très vif d'un grand devoir de discipline à remplir sans délai.

M. Loubet, président du Sénat, fut informé dans la nuit. Président de l'Assemblée nationale, chargé par conséquent de la plus haute mission de l'Etat, il se rendit le matin chez M. Charles Dupuy, président du conseil des ministres, pour s'entendre avec lui au sujet de la date qu'il convenait de choisir pour opérer cette convocation.

Il fut arrêté, pour suivre étroitement le texte de la Constitution, que le Congrès se réunirait le lendemain samedi, à Versailles.

A deux heures un quart, s'ouvrait la séance de la Chambre. Tous les ministres étaient présents. Le président prononça un discours ému et donna lecture de la lettre de convocation de l'Assemblée nationale signée par M. Loubet. La séance étant levée aussitôt après la lecture, les membres du Gouvernement se rendirent au Sénat, où une éclatante manifestation allait se produire.

Dès la première heure du jour, les républicains, sans exception, avaient prononcé le nom du président du Sénat. Un courant tel que l'histoire parlementaire de la

République n'en fournit aucun autre exemple s'était formé, emportant tous les esprits vers cette idée : que, dans le péril inouï où se trouvait la République, il fallait confier à cet honnête homme la garde de la loi, la suprême magistrature, le poste d'honneur et de vigilante raison que le destin avait rendu vacant. A dire vrai, ce grand péril était difficile à préciser. Tout le monde le sentait, personne n'aurait pu dire en mots exacts en quoi il consistait. C'était l'angoisse et le vertige, l'impression vague, profonde et plus violente que le mal lui-même.

La salle du Sénat s'était remplie rapidement. Après la lecture du procès-verbal, M. Loubet se lève. La gauche tout entière est debout en même temps et une triple salve d'applaudissements éclate. Longue, magnifique ovation qui unissait, sous l'émotion des événements, la haute assemblée à celui qui la représentait et qui était si profondément imprégné de son esprit.

Très ému, M. Loubet prend la parole ; il lit la lettre du président du conseil annonçant la mort subite de M. Félix Faure ; puis, en un bref discours, il exprime la tristesse du Sénat devant le deuil qui le frappe et fait l'éloge de celui à qui il devait succéder : « Il a su, dans des temps troublés, conserver la sérénité qui convient au président de la République ; et profondément soucieux de la grandeur de notre pays, il a tenu avec dignité sa place dans le concert européen, dans des circonstances que nous n'avons pas oubliées (*Applaudissements*). Le Sénat voudra envoyer le témoignage attristé et unanime de ses sympathies et de ses regrets à la famille qui le pleure en ce moment. »

Les applaudissements partent de tous les points de l'assemblée. La gauche les répète encore ; quand le silence se fait enfin, M. Loubet donne lecture de la loi de 1875, relative à la réunion du Congrès : « Cette réunion aura lieu, dit-il, demain samedi, à une heure, à Versailles. »

Un immense cri de : « Vive la République ! » lui répond.

La candidature présidentielle est posée, non par un homme, mais par la majorité républicaine du Sénat, qui, tout à coup, avec une netteté de sens politique incomparable, a compris le besoin de l'heure, et reconnu *the right man in the right place* l'homme qui, par son passé, sa droiture, sa probité impeccable, son loyalisme républicain, s'impose au choix de tous sans discussion, sans délai, sans arrière-pensée.

Avant cette heure, qui consacrait en quelque manière un accord rapidement conçu par tous, un certain nombre de faits s'étaient déroulés, qui précisent encore, si possible, la spontanéité sans précédent de ce choix. Nous écartons volontairement ici tout ce qui touche aux personnages politiques qui pouvaient devenir des candidats de partis et de coalitions, si le renouvellement des pouvoirs s'était opéré dans des conditions normales, et si, par conséquent, les aspirants au fauteuil avaient pu préparer de loin leur candidature.

M. Loubet n'était point de ceux-là ; il n'était ni chef

de parti, ni personnalité très en vue dans le combat quotidien.

Mais, avec une dignité rare, une discrétion, un goût de la mesure et de la raison, qui paraissaient les plus hautes vertus du monde dans le déchaînement de toutes les folies, M. Loubet faisait admirablement figure de magistrat. C'est pour cela qu'il apparut soudain l'homme nécessaire !

Qui oserait dire que la France républicaine s'est trompée, ce jour-là ?

Donc, en cas de succession normale à conférer, cet homme remarquable pour sa modestie, son goût de l'étude, son éloignement de toute ambition, aurait peut-être passé inaperçu parmi les appels sonores des candidats inévitables.

Il suffit, le 17 février, qu'une voix prononçât son nom pour que toutes les intelligences comprissent le devoir. Il était le seul président possible, précisément parce qu'il était un magistrat, parce que la France avait besoin, enfin, d'être gouvernée par une lucide raison, parce que tout le monde voulait nommer un arbitre, non un chef; un juge, non un maître. Les républicains sincères comprirent qu'un parti ne pouvait sortir vainqueur de cette lutte, et qu'il fallait nommer un républicain en dehors des fractions radicale ou modérée.

Outre que c'était le seul moyen de rentrer dans la saine tradition parlementaire qui fait du président irresponsable le magistrat pacifique par excellence, à qui toute politique de combat est interdite, il y avait un intérêt supérieur, pour les représentants de la majorité, sans exception, à éviter les coalitions toujours possibles d'un groupe dissident avec la droite, prête à profiter des divisions républicaines pour jeter dans la balance ses idées et ses conditions.

Or, on avait eu l'exemple de ce qu'un vote, rendu dans cette forme, infuse de virus réactionnaire à la République. Rien de pire que le fardeau d'une telle reconnaissance dans l'exercice d'un pouvoir dont l'apparence est insignifiante et la réalité si profonde, qui, très haut mais sans étendue, ne fait point d'ombre sur le sol, mais emplit le sol de ses racines à d'invraisemblables profondeurs.

Quelle victoire pour l'idée et la réalité républicaines, si le président était l'élu d'une majorité sans alliage !

Ce fut un moment de bel enthousiasme qui dura, — une fédération dont les lendemains n'ont pas démenti les promesses. Les résolutions étaient déjà arrêtées que l'on discutait encore, et les informateurs ordinaires ne savaient rien de précis. Les journaux jetaient des noms au public sans discerner le courant.

A une heure, à la Chambre, les députés étant très nombreux, le bruit des conversations couvrait toute parole nette. Les progressistes, réunis les premiers, sous la présidence de M. Barthou — nous citons les informations parlementaires du *Temps* — acclamèrent, sur la proposition de M. Boucher, la candidature de M. Méline.

A trois heures, une réunion de tous les groupes républicains de gauche — toute la majorité, à l'exception des quatre-vingts progressistes — entendit M. Léon Bourgeois, qui venait de rendre visite à M. Loubet ; — notez encore cette démarche, qui démontre combien de bonne heure tout le monde fut d'accord sur le nom du président du Sénat. — M. Loubet répondit à M. Bourgeois qu'il subordonnait toute décision à celle des groupes.

D'autre part, M. Léon Bourgeois annonça que M. Henri Brisson ne serait pas candidat et que, dans un intérêt d'union républicaine, il accepterait la décision de ses amis.

L'assemblée, très nombreuse, adopta l'ordre du jour suivant : « Les groupes républicains de gauche ont décidé de porter leurs suffrages sur un candidat à la présidence de la République qui, n'ayant pas été mêlé aux querelles des partis, puisse grouper sur son nom la majorité républicaine des deux Chambres. SIGNÉ : *Union progressiste, Gauche démocratique, Groupe radical-socialiste, Groupe socialiste.* »

On faisait mieux que de nommer M. Loubet, dans ce document : on le définissait.

Aussitôt après cette résolution, les groupes se séparèrent pour délibérer à part. La gauche démocratique, sous la présidence de M. de la Porte, acclamait, à l'unanimité, le nom de M. Loubet, et déléguait auprès de lui MM. de la Porte, Sarrien, Dujardin-Beaumetz, Henri Ricard, Léon Bourgeois. L'union progressiste et l'extrême gauche en faisaient autant et envoyaient de leur côté des délégués au Luxembourg.

Les sénateurs républicains avaient leur siège fait. Leur réunion plénière, tenue dans la salle de la bibliothèque, à trois heures, sous la présidence de M. Guyot, n'avait duré que cinq minutes; le nom de M. Loubet était acclamé à l'unanimité des cent soixante-dix-sept présents.

Exactement, à trois heures trente, par les deux cent quarante députés de la gauche et les cent soixante-dix-sept sénateurs républicains, ce 17 février, M. Loubet était élu président de la République. Il n'y avait plus à faire le voyage de Versailles que pour sanctionner le fait accompli.

Il y eut, le soir de ce jour et dans divers sens, d'autres démarches et des pourparlers qui soulignaient simplement l'impuissance de tout effort pour résister au courant qui emportait tout.

Le groupe progressiste de la Chambre eut, fort tard dans la soirée, une réunion où fut voté un ordre du jour rappelant qu'à deux heures, le groupe avait acclamé la candidature de M. Méline; le bureau était invité à s'entendre avec le groupe progressiste du Sénat. M. Méline, peu après, déclarait encore qu'il n'était point candidat.

Le soir, des mouvements assez étranges se produisirent dans le centre de Paris; on vit descendre sur les boulevards un certain nombre de portefaix de la Villette, membres de ces étranges comités royalistes qui ont joué, depuis, un si grand rôle dans les incidents de la rue.

Au cours de la nuit, on placardait sur tous les murs des arrondissements du centre de petites affiches reproduisant le discours que le duc d'Orléans venait de prononcer à San-Remo.

Mais l'opinion, dans cette fin de jour, n'était occupée que des télégrammes venus du monde entier, à l'occasion de la mort de M. Félix Faure. Elle était fort loin de songer à l'échéance si proche de l'élection et, à vrai dire, en dehors du Parlement, où il s'était fait une si haute place dans l'estime de tous ses collègues, M. Loubet n'était que peu connu du public ; il représentait à ses yeux un nom, une fonction. L'homme n'apparaissait pas encore.

Nous pourrions, sur ce sujet, développer longuement notre pensée, dire combien il serait absurde de confier le choix du premier magistrat à une foule trop vaste, trop éloignée du théâtre où se passent les réalités de la vie nationale, pour juger en connaissance de cause, à une foule qui connaît seulement quelques noms, rarement les plus dignes.

On trouverait monstrueuse l'idée de proposer aux dix millions d'électeurs français le choix d'un juge pour une affaire, d'un ingénieur pour une construction, d'un médecin pour une maladie ; et l'on propose volontiers à cette même incompétence innombrable le choix de l'homme destiné à la plus haute des fonctions, choix dont aucun de nous, pris à part, ne voudrait avoir la responsabilité, faute d'avoir vu de près et de connaître les hommes que l'on nous pourrait proposer.

Ceux qui ont vu la journée du 18 février, à Versailles, en garderont à jamais une impression de ravissement.

L'air était clair, subtil, doré d'un soleil splendide. Les plus beaux jours de mai ont rarement autant d'éclat.

Vers dix heures, dans le cadre fameux des gloires anciennes, l'interminable solitude s'égayait d'un semblant de vie. Les bâtiments de la cour de marbre, dont les façades en profondeur sont tournées au levant, les terrasses, les toits se profilaient dans une apothéose de lumière. Rien n'égale en beauté ce réveil d'un printemps trop précoce parmi la mélancolie des choses mortes.

Les membres de l'assemblée, sénateurs et députés, — en dépit des précédents — ne s'étaient point hâtés de se rendre à Versailles, où nulle convocation ne les appelait.

En sa qualité de président de l'assemblée, à cause des ordres généraux qu'il était tenu de donner et des mesures qu'il devait prendre en cette occasion, M. Loubet quitta le Luxembourg vers huit heures, en voiture, et fit ainsi le trajet que tant de grands événements ont rendu historique.

Les trains de midi amenèrent à Versailles le plus grand nombre des membres du Congrès. La galerie des tombeaux s'emplit bien vite d'une foule considérable et agitée, tous les chefs du mouvement plébiscitaire et nationaliste s'étant rendus à cette séance avec la conviction que des remous d'opinion allaient se produire et que l'élection prévue de M. Loubet serait rendue impossible.

On commentait fort les termes d'un article accusateur qu'un ancien président de chambre à la Cour de cassation, dont les violences occupaient alors l'opinion, venait de publier le matin même. A propos de faits que nous raconterons tout simplement d'après les témoignages contemporains, ce magistrat démissionnaire accusait M. Loubet d'avoir, en arrêtant le cours de la justice, sauvé en 1892 les parlementaires coupables de concussion.

Les partisans des régimes disparus, les congrégations et en général l'opposition de droite, avaient senti la portée d'une élection qui, devant rassembler en un faisceau compact le parti républicain tout entier, aiguillait définitivement la politique hors de la voie suivie par M. Méline, reconstituait le Gouvernement en puissance de parti et supprimait cette tendance au « ralliement » dont on avait mesuré les redoutables conséquences.

En réalité, la droite sentait qu'une période historique de la République parlementaire devait se clore ; et comme le succès de toutes ses espérances dépendait de ce coup de barre, le même sentiment obscur d'un grand événement jetait les combattants dans la mêlée.

L'article paru ce matin-là et distribué à grands cris aux abords des gares parisiennes pouvait produire un effet considérable, si la personnalité de son auteur n'avait été usée dans les compromissions dont tout le monde se souvenait. Il tomba à grand bruit au milieu de la foule qui remplissait la galerie des tombeaux, et, comme un obus mal chargé, il n'éclata point. L'effet était nul.

A une heure, l'immense salle carrée de l'Assemblée nationale, cadre sombre, jadis popularisé par un tableau célèbre, vit s'entasser sur les gradins huit cent cinquante-quatre députés et sénateurs. Les galeries étaient bondées de monde, le corps diplomatique au complet, le nonce du pape et l'ambassadeur d'Italie au premier rang, la presse entassée dans les tribunes.

On entend un roulement de tambours, le bruit des fusils sur les dalles. M. Loubet fait son entrée et monte au fauteuil. Aussitôt, de tous les points de l'immense assemblée, un tumulte jaillit. La gauche, debout, crie : Vive la République ! la droite et les nationalistes : Vive la Patrie ! Des injures se croisent, des violences sont jetées à pleine voix.

Les journalistes mêlent leurs clameurs à ces cris furieux ; le président, très calme, attend que les voix se fatiguent. Il profite d'une accalmie pour dire : « La séance est ouverte » ; puis il donne lecture de l'article 7 de la loi constitutionnelle du 25 février 1875, ainsi conçu : *En cas de vacance par décès, ou pour toute autre cause, les deux Chambres réunies procèdent immédiatement à l'élection d'un nouveau président. Dans l'intervalle, le conseil des ministres est investi du pouvoir exécutif.*

Il lit ensuite l'article 2 de la même loi : *Le président*

de la République est élu à la majorité absolue des suffrages, par le Sénat et la Chambre des députés réunis en Assemblée nationale. Il est nommé pour sept ans. Il est rééligible. M. Loubet ajoute : *Je déclare l'Assemblée nationale constituée pour l'élection du président de la République. Le scrutin aura lieu à la tribune par appel nominal.*

Après la lecture des lettres des membres du Parlement qui s'excusent de ne pouvoir assister à la séance, il est procédé au tirage au sort des scrutateurs et de « la lettre » par laquelle le défilé doit commencer.

M. Déroulède arrive des premiers à la tribune. Il essaie de prononcer un discours. Le président le lui interdit. Il résiste. Des députés s'élancent à la tribune pour prêter main forte aux huissiers. Un instant, le chef du nationalisme se tourne vers le président et l'invective.

La droite applaudit ; la gauche proteste ; l'incident menace de tourner au tragique jusqu'au moment où les huissiers parviennent enfin à dégager la tribune.

M. Drumont essaie une attitude semblable, mais ses paroles se perdent dans le bruit, pendant que des altercations violentes s'élèvent dans la galerie des journalistes. Les noms des députés connus et des chefs de partis soulèvent des applaudissements ou des rumeurs.

Tout cela s'achève vers trois heures ; le scrutin est clos, le dépouillement commence.

Huit cent dix-sept membres de l'Assemblée, sur huit cent quatre-vingt-trois représentants dont elle se compose, ont voté. Les appels de sonnette retentissent et l'on voit monter au fauteuil M. Franck-Chauveau, vice-président du Sénat, qui, d'une voix claire et dans un grand silence, annonce le résultat du scrutin :

M. Emile Loubet a obtenu quatre cent quatre-vingt-trois voix, M. Méline deux cent soixante-dix-neuf, M. Cavaignac vingt-trois, M. Deschanel dix, M. Charles Dupuy huit, M. Monteil deux, M. de Rochefort deux, MM. Baduel, de Mun et Tillaye chacun une. Et M. Franck-Chauveau ajoute : « Au nom de l'Assemblée nationale, je proclame M. Emile Loubet président de la République française. »

Ainsi le nouveau président obtenait, au premier tour de scrutin, soixante-seize voix de plus que la majorité absolue des suffrages.

Pas un seul des bulletins à son nom n'émanait d'un conservateur, d'un monarchiste, d'un nationaliste ou d'un rallié. Le parti républicain s'était reconstitué intégralement, avec la volonté de reprendre la tradition de défense jusqu'alors interrompue. Un fait politique très important venait de s'accomplir ; et les violences de la rue, auxquelles devait succéder une paix si profonde, allaient témoigner de la gravité des circonstances.

A l'extrémité nord du palais de Versailles, vers la pièce d'eau des Suisses, l'ancien appartement de Monsieur, affecté depuis 1873 au président de l'Assemblée nationale, est rouvert aux jours d'élection, le nouveau président de la République y reçoit l'investiture officielle et les premiers hommages des ministres, des députés et sénateurs, des assistants. C'est dans un de ces salons que M. Loubet, après la séance, reçut M. Franck-Chauveau, qui venait de proclamer le résultat du scrutin et qui lui parla ainsi :

Monsieur le président de la République,
Permettez au bureau de l'Assemblée nationale de vous offrir toutes ses félicitations et tous ses vœux.
Le vote qui vous a élevé à la première magistrature de l'Etat touche et honore particulièrement le Sénat, que vous avez si sagement présidé.
Il sera accueilli avec une vive satisfaction par la France et la République, qui connaissent la dignité de votre conduite, la sagesse et la modération de votre esprit.
Qu'il nous soit permis d'espérer que votre élection contribuera à apaiser les discordes et à rétablir l'union dans notre pays.

M. Charles Dupuy, président du conseil des ministres, à la tête de tous les membres du cabinet, s'approchait à son tour pour effectuer la transmission des pouvoirs exécutifs, dont il était le dépositaire intérimaire, et saluait M. Loubet en ces termes :

Monsieur le président de la République,
Le conseil des ministres a l'honneur de remettre entre vos mains les pouvoirs intérimaires que la Constitution lui avait confiés.
Nous vous adressons, Monsieur le président, nos respectueuses félicitations. Nous y joignons nos vœux pour que

la France et la République jouissent, sous votre magistrature, du calme et de l'union indispensables à sa prospérité et à sa grandeur.

Permettez à mon amitié d'exprimer la satisfaction personnelle que me fait éprouver la décision de l'Assemblée nationale.

Voici le texte de la réponse que M. Loubet faisait alors à ces deux allocutions, s'adressant à la fois à M. Charles Dupuy et à M. Franck-Chauveau :

Monsieur le président du conseil,
Mon cher président,

Je vous remercie des paroles que vous venez de m'adresser. Je suis profondément ému de la haute marque de confiance que vient de me donner l'Assemblée nationale, en m'appelant à la première magistrature de la République. Je sens tout le poids de la charge qui m'est confiée; elle ne pouvait être pour personne un plus lourd fardeau.

Jamais je n'avais envisagé une telle éventualité, et si les représentants du pays, en dépit de cette opiniâtreté qu'on m'a parfois reprochée, ont cru que je pouvais rendre quelques services, c'est peut-être à cause de l'expérience des affaires publiques acquise dans une longue carrière, c'est sûrement et surtout parce qu'ils savent que j'ai toujours été, que je suis, que je serai toujours républicain.

De nombreux représentants du parti républicain ont pensé que mon nom pouvait être utile pour assurer l'apaisement et l'union, et, si j'ai cédé à leurs instances, c'est avec la volonté de consacrer tous mes efforts à cet apaisement, au progrès et à l'ordre.

Pour remplir ma tâche, j'ai besoin, Messieurs, de tous les concours, de celui du Parlement, de celui des membres du Gouvernement. Pour que ces concours soient efficaces, pour que l'union que nous désirons tous soit durable et

LA MÈRE DU PRÉSIDENT

féconde, il faut que des rapports fréquents s'établissent entre les membres du Parlement et le président de la République ; l'Elysée doit être une maison ouverte.

Placé au-dessus des querelles de parti, arbitre institué par les lois constitutionnelles, le président de la République doit écouter les avis et les conseils des représentants de la nation avant de prendre les décisions que dicte l'intérêt supérieur de la République. Il lui appartient aussi de donner les conseils que cet intérêt lui inspire.

Je vous donne l'assurance que j'apporterai tout ce que j'ai de force, de volonté, de dévouement, au service de la République et de la Patrie.

Paroles mémorables et auxquelles l'imprévu de la situation, la spontanéité du mouvement et la majesté des circonstances donnaient un caractère imposant de proclamation et dont l'écho se répercuta bientôt aux quatre coins de la France pour rassurer et réjouir les républicains.

Le défilé des républicains, députés, journalistes et jusqu'aux simples invités fut très long. Tous se sentaient rassurés. M. Loubet eut pour chacun un mot aimable ; son accueil était plein de cordialité, mais sans l'apparence d'une grande joie. Même quelques-uns des hommes politiques que la situation inquiétait le plus crurent sentir dans son accent et dans sa poignée de main quelque chose de cette émotion attristée qu'inspire aux hommes les plus résolus la conscience de grands devoirs prochains.

Tout de suite, les soldats étant rangés dans la galerie des tombeaux, les tambours battirent aux champs, le président de la République sortit du palais et monta dans son landau, qui partit au grand trot, escorté des cuirassiers casqués d'acier, les épées hautes, les crinières flottantes, splendide chevauchée qui ranime parfois d'une vision rapide le vieux palais endormi dans ses souvenirs. A la grille, la foule cria : Vive Loubet ! mais, un peu au delà, des clameurs hostiles commencèrent. Il n'y avait personne sur l'avenue de Saint-Cloud. A la gare, les chefs nationalistes, convoqués en grand nombre pour l'élection, sifflèrent au passage du président.

Tout cela n'était rien encore. Quand le train arriva à la gare Saint-Lazare, plus de vingt mille Parisiens étaient massés autour des grilles. Parmi eux, les royalistes et les prétendus patriotes avaient réuni quelques centaines de camelots, les mêmes que l'on avait vus dans toutes les manifestations du boulangisme.

Il fut fait certainement de très grands frais à cette occasion.

Dès que la voiture présidentielle eut franchi la grille, camelots, gamins, badauds, au milieu d'une population qui n'éprouvait, à dire vrai, d'autre sentiment qu'une vive curiosité, se jetèrent autour des roues, avec des cris furieux, des injures. On jeta même de la boue sur le landau. Il y eut deux minutes de scandale inouï ; puis, la voiture ayant dépassé les manifestants, le trajet s'acheva en toute tranquillité, jusqu'au palais des Affaires étrangères, où, selon la coutume, M. Loubet, reçut les corps de l'État et les ambassadeurs.

Nous voulons achever, en quelques traits brefs, l'histoire de cette journée et des suivantes.

L'affaire Dreyfus avait irrité, au plus haut degré, les passions des partis hostiles à la République, et comme elle avait ému profondément la France, toutes les ambitions travaillaient autour de cette singulière aventure. L'armée était profondément irritée, non qu'elle fût atteinte, mais parce qu'on lui avait répété qu'elle l'était. Tous les prétendants, les irrités, ces révolutionnaires déplorables que l'on nomme plébiscitaires, les antisémites, les congrégations politiques, essayèrent de l'entraîner dans leur cause. Ces partis, bien qu'ils soient loin de constituer la majorité dans le pays, disposent d'un grand nombre de voix à toutes les élections. Ils peuvent, en toute occasion, pour peu que le Gouvernement se montre faible et désarmé, porter sur un point de Paris assez de manifestants pour donner l'illusion de la foule.

Ce jour-là, ils étaient en colère. Ils préparaient un grand coup. Ils comptaient se rallier nombre de républicains timorés, en désignant l'élu de l'Assemblée nationale comme un citoyen indigne, comme le représentant de cette légendaire abomination que l'on a nommée la corruption parlementaire et dont le Panama fut l'apparente expression.

En ajoutant que M. Loubet était l'élu du parti de l'étranger, de la trahison et de toute la fantasmagorie qui troublait alors les cervelles, il était facile d'essayer un grand mouvement, dont la foule et l'armée se seraient faites les complices. Il fallait « chauffer cette foule » et c'était à cela que l'on travaillait depuis le matin.

Les consommateurs attablés aux terrasses du boulevard n'avaient pas été peu surpris de voir s'asseoir parmi eux des individus aux vêtements douteux, allant par escouades, parlant bas, tandis que des personnages inconnus leur jetaient des mots d'ordre et payaient « la bière qui leur était servie ».

On avait préparé ainsi, dès le matin, au vu et au su de la police, et les manifestations de l'après-midi et celles qui allaient suivre.

Malheureusement pour eux, les chefs politiques qui montent ces curieux spectacles se prennent à leur propre piège ; ils ne distinguent plus, en ces actes de la rue, la réalité de la convention. Voici, en deux mots, comment ces choses-là se passent :

Tout parti un peu organisé peut mobiliser sur un point un effectif réel de quatre à cinq cents manifestants. Ceux-ci n'agissent point par eux-mêmes. Ce sont des camelots payés qui commencent presque toujours. A ce chiffre s'ajoutent les gamins, les mauvais sujets de la rue, la tourbe des gens qui n'ont pas d'autre occupation que d'errer.

Devant ces invasions, les citoyens paisibles ne résistent point ; ils se gardent d'opiner en quelque manière que ce soit. Le bruit de quelques centaines de voix criant ensemble domine tout. La foule, s'il y en a, perd facilement la tête, s'illusionne, croit voir quelque chose. Ce n'est, à dire vrai, qu'une figuration qui fait son métier. Mais cette figuration en impose et le provincial ou l'étranger, en lisant son journal, a l'impression profonde que Paris est surexcité. Il n'en est rien. A cinq cents mètres de là chacun fait sa besogne, sans même se douter de ce qui se passe.

Le citoyen ne peut supposer qu'il s'est produit un mouvement, dont il aura sa part de responsabilité comme membre de ce Paris à qui l'on attribue l'acte d'une poignée d'hommes et d'enfants, de cinq cents personnes sur deux millions et demi.

Cette trop grande facilité à donner le change, condamne absolument les manifestations de la rue. Un parti tapageur, et muni de beaucoup d'argent, peut donner la vision d'une émeute dans une ville dont l'esprit lui est hostile. D'autant que le cadre de ces scènes est toujours fort étroit ; il est limité sur un point du boulevard ou à l'angle d'une rue. L'immense Paris n'en sait rien.

L'acte de la gare Saint-Lazare se produisit dans les conditions que nous venons d'indiquer. Et de même, pendant plusieurs nuits, entre la rue Drouot et le faubourg Montmartre, une centaine de manifestants, auxquels se mêla le rebut du pavé nocturne, parut en imposer à la France entière et balancer l'autorité du vote que les représentants du peuple venaient de rendre.

Nous sourions aujourd'hui au souvenir de cette comédie ridicule, et de fait elle ne trompa point ceux qui la jugèrent sur son étendue. Mais elle causa un certain émoi en province et au dehors, et, par là, elle mérite qu'il en soit parlé.

M. Loubet ne fit que passer au ministère des affaires étrangères ; de bonne heure, il retourna au palais du petit Luxembourg, résidence qu'il habitait comme président du Sénat. Il y reçut, le matin, un grand nombre de personnalités politiques, surtout de sénateurs qui, le connaissant familièrement, avaient leurs libres entrées auprès de lui.

Le sujet de ces conversations très cordiales portait assurément sur les graves difficultés du moment, sur les manifestations violentes organisées çà et là et sur l'attitude qui convenait au président de la République. Les violents, en effet, criaient dans les tumultes de la rue : Panama ! Démission ! Démission ! Certains journaux contenaient les injures les plus effroyables et les plus graves menaces pour un avenir tout proche.

— « Oui, déclara M. Loubet, cela a ressemblé à un défi. Je le relèverai. Je n'avais jamais souhaité d'être président de la République ; mais ceux qui ont voté pour moi peuvent compter sur leur élu. Ils ont parlé quelquefois de ma bonté. Je les étonnerai par ma force de résistance.

« Sur quoi peut-on se baser pour m'appeler dreyfusard ? Est-ce parce que j'ai répondu à la commission du Sénat, quand elle m'a annoncé qu'elle avait donné une voix de majorité au projet Dupuy : « Cela vous permettra, peut-être d'en finir avec « l'affaire » d'une manière définitive. Personne n'a le droit de dire que je suis dreyfusard ou antidreyfusard. Je suis avec la majorité de la nation pour la vérité et pour la justice. »

Les ministres, selon leur coutume, avaient donné leur démission ; le président de la République les maintint en exercice.

Le lundi, il consigna la porte de son cabinet pour se donner le temps de préparer et d'écrire le message qui devait être lu, le lendemain, aux Chambres. Les ministres seuls furent reçus par lui. Diverses notes intéressantes étaient publiées par les journaux : l'avis du deuil officiel qui, durant un mois, devait maintenir le président de la République en dehors de toutes les cérémonies auxquelles, plus tard, il se ferait un devoir d'assister ; l'ordre du jour publié dans tous les corps militaires par lequel M. Loubet prescrivait un repos de vingt-quatre heures aux troupes armées de terre et de mer, avec une distribution supplémentaire de rations et une levée générale de toutes les punitions. Le congé de Pâques était également prolongé d'un jour pour les élèves des lycées et collèges de la République. M. Loubet faisait remettre 20.000 francs pour les pauvres de Paris, 500 francs au directeur de la Compagnie de l'Ouest pour les employés du train présidentiel de Versailles à Paris, 1.500 francs au bureau de bienfaisance de Montélimar.

Les manifestations de la rue prirent leur caractère le plus dangereux précisément dans cette journée du 20. Les diverses ligues qui se partageaient alors les violents de l'opposition avaient toutes convoqué leurs adhérents au siège social de chacune d'elles. Vers huit heures, déjà, des bandes de jeunes gens cassaient les vitres sur le boulevard. Il y eut des bagarres et une centaine d'arrestations.

Les plébiscitaires tenaient une réunion rue de la Gaîté. Le public un peu spécial de ce quartier acclama les orateurs, puis sortit et toute la rive gauche fut en rumeur dans la soirée. Des bandes parcouraient à la même heure les boulevards où une contre-manifestation de républicains s'était organisée. Il fallut interrompre la circulation. Seule la Ligue des patriotes s'abstenait.

M. Paul Déroulède avait donné rendez-vous à ses adhérents aux obsèques de M. Félix Faure, fixées au jeudi. Les paroles prononcées par lui le samedi, devant la statue de Jeanne d'Arc, révèlent à la fois la violence des passions du moment et toute l'étendue du danger : « Nous ne pouvons pas aller à l'Elysée, avait-il dit à ses amis, parce que nous respectons les morts ; mais jeudi prochain vous aurez une occasion de vous joindre au cortège funèbre ou de faire la haie sur son passage. Dans ce défilé, vous verrez figurer *les criminels de la Cour de cassation.* » Ironie et sanglante invitation au mépris de la loi.

En revanche, les groupes royalistes s'agitaient ce soir-là, jeunes gentlemen très corrects « cravatés de haut, le chapeau aux huit reflets sur le coin de l'oreille, les mains tenant le rotin aux garnitures d'argent, enfoncées dans les poches de moelleux pardessus; le personnel recruté était loin d'atteindre à cette élégance, étant composé surtout de très jeunes gens, visiblement mal nourris, dont la mince carcasse frissonnnait sous le veston élimé et dans les mains desquels les énormes gourdins perdaient beaucoup de leur aspect terrible. »

Tout cela peu dangereux, mais pouvant constituer tout au moins à l'occasion l'avant-garde d'une émeute, la figuration obligatoire d'un coup d'Etat, auquel, il faut bien le dire, une partie de la population, égarée par les appels furieux des journaux, par la calomnie, par l'esprit d'intolérance qui soufflait alors, aurait peut-être pris part.

Si nous faisions l'histoire de ces dernières années, nous aimerions à expliquer d'où venait cet état d'esprit, alors que par vingt ans de liberté, de progrès continu, de travail pacifique, la République, en dépit de fautes inévitables, avait mérité l'attachement des Français. On a comparé ce mouvement à la Ligue et le rapprochement est vrai, si l'on peut en effet trouver de grandes analogies entre une montagne et une taupinière.

Les partis avaient soufflé de toute leur force sur cette petite flamme de fanatisme qui n'est jamais bien éteinte dans le cœur des hommes. Le goût de la haine est un instinct, il ne lui faut qu'un aliment. On lui avait donné en pâture les juifs que leur esprit particulariste à l'excès désigne facilement pour le rôle de réprouvés, de maudits. L'homme en cause dans le grand procès qui troublait le pays était juif. De là cette conclusion que la campagne était menée par les juifs en haine de la patrie française, qu'elle avait pour but de désorganiser l'armée, de la dissoudre, de livrer la France sans défenseurs à l'avidité des nations ennemies. Il n'y avait pas apparence que les israélites fussent les seuls promoteurs de l'Affaire. On les trouvait, au contraire, plus nombreux parmi les adversaires de la revision. Et les personnages qui en avaient eu l'initiative, ou l'avaient votée, étaient tous des Français de pure race.

De là cette hypothèse dont le seul énoncé paraîtra aux yeux de nos petits-enfants le signe d'un universel affolement: Les juifs très riches, les Anglais et les Allemands très hostiles, faisaient, avec de grandes dépenses, les frais de cette entreprise contre la sécurité nationale.

Et les acteurs de cette tragédie, d'où le comique n'est pas absent, les écrivains, les journalistes, les députés, les ministres, les conseillers à la Cour suprême étaient tous les salariés de cette caisse de la grande trahison.

Bien que, selon ses paroles, M. Loubet fût particulièrement étranger à l'affaire, il demeurait l'élu de la conspiration, son fondé de pouvoir. Il était mal connu, quoique deux fois ministre, ancien président du Conseil et président du Sénat, orateur écouté des Assemblées à l'heure où l'on travaille. Il était obscur aux yeux des ignorants dans un pays qui connaît les noms de tous les ténors en vogue, des chevaux de course et des jockeys importants, des tapageurs, des interrupteurs, des discoureurs de carrefours.

Et comme le nombre des ignorants est très grand, ils ne pouvaient concevoir le choix d'un homme aussi peu notoire, à moins de l'expliquer par quelque marché honteux conclu dans la coulisse du Parlement ou dans la sacristie de la synagogue.

Oh! quel rire secouera l'historien plongé dans le fatras des journaux, quand il songera que des lecteurs par milliers, des hommes auxquels la République donna des maîtres pour leur apprendre à raisonner, se nourrirent pendant ces journées bruyantes, et longtemps après encore, de cette fantastique, de cette monstrueuse aberration !

A la même heure, des hommes politiques incapables d'y croire espéraient tourner à leur profit cette folie populaire. Là était le danger conjuré par la sagesse des quatre cent quatre-vingt-trois voix républicaines, certes fort divisées sans doute sur la question discutée alors par tous les organes du public et de la presse, mais assez avisées pour avoir senti que le péril dépassait même la question républicaine, car on voyait monter, avec un souffle d'intolérance brûlant, cette marée boueuse de la calomnie, du soupçon, de l'accusation systématique qui s'élève aux heures tragiques de l'histoire, change les hommes en loups, en chiens furieux de peur et de rage, pousse les foules aux grands crimes et profite aux habiles sans scrupules.

M. Loubet une fois élu fut jeté et en quelque manière emporté dans le courant qui menaçait de tout engloutir. Mais observez que son nom n'avait pas encore été prononcé au cours de la dispute qui durait depuis quinze mois ; que le danger, à la veille de l'élection, était infiniment plus grand parce que personne ne pouvait deviner où l'on allait et que, malgré des indices graves, nous n'en pouvions nous-mêmes rien savoir de précis.

Ce qui paraissait certain, c'est que le prédécesseur de M. Loubet, abreuvé lui-même auparavant des pires outrages, vivait et agissait sous la menace d'attaques nouvelles et les redoutait ; que personne, à moins d'être l'agent même de la conspiration, ne pouvait échapper au torrent d'injures et de calomnies qui tombait depuis si longtemps sur toutes les têtes et que, pour sauver la République, il fallait trouver un homme capable d'entrer jusqu'aux épaules dans le courant, de n'en rien craindre et de demeurer debout pour lui barrer la route.

Nous n'avons pas à demander si M. Loubet était cet homme. Regardez, la chose est faite, la calomnie s'est émoussée sur cette simplicité résistante. Le modeste sénateur de la Drôme, personnage studieux, éplucheur de budgets, toujours occupé de questions agricoles, d'impôts, d'équilibre financier, a traversé sans bruit la période des colères folles ; il n'a pas eu peur, il n'a pas bronché, il a rendu confiance à tous, il a osé vouloir la défense républicaine et la confier à des mains résolues. C'est fini.

La fantasmagorie de haine s'est évanouie, l'esprit public s'est apaisé et la France a convié le monde à la fête immense du travail et du génie humain, sans plus se souvenir des crises qu'elle vient de traverser que d'un mauvais rêve dissipé par le réveil, un beau matin de printemps.

* * * *

Le premier acte de cette politique nouvelle fut le Message traditionnel lu aux Chambres, le 21 février. Il faut le lire avec attention, parce qu'il contient, dans une forme sobre et ferme, l'exposé des intentions que M. Loubet apportait en ses nouvelles destinées.

> Messieurs les Sénateurs,
> Messieurs les Députés,
> Appelé à la première magistrature du pays, j'ai besoin, pour l'accomplissement des devoirs qu'elle m'impose, du concours du Sénat de la Chambre des députés. Je vous le demande et je suis sûr qu'il ne me fera pas défaut. Vous pouvez, Messieurs, compter sur ma ferme volonté de consacrer tous mes efforts à la garde de la Constitution. Vous en avez pour gage mon inaltérable dévouement à la République.
> La transmission régulière des pouvoirs, accomplie en quelques heures après la mort foudroyante du cher et regretté président Félix Faure, a été, aux yeux du monde entier, une preuve nouvelle de la fidélité de la France à la République, au moment même où quelques égarés cherchent à ébranler la confiance du pays dans ses institutions. L'Assemblée nationale a marqué nettement, dans la journée du 18 février, son désir de réaliser l'apaisement des esprits et de rétablir d'une façon durable l'union de tous les républicains.
> Passionnément attaché aux principes de la Révolution française et au régime de la liberté, j'aurai pour préoccupation constante d'aider le Parlement dans cette œuvre nécessaire de tolérance et de conciliation. Au cours des dif-

ficultés passagères que nous avons traversées, la France, par le sang-froid, par la dignité et par le patriotisme du Gouvernement, la France a grandi dans l'estime du monde.

Pourquoi ne pas espérer que la même entente pourrait s'établir dans nos affaires intérieures ? Cette entente n'existe-t-elle pas dans le pays ? A-t-il le moindre doute sur la nécessité de respecter également les organes essentiels de la société : Les Chambres qui délibèrent librement les lois, la magistrature qui les applique, le Gouvernement qui en assure l'exécution et l'armée nationale qui sauvegarde l'indépendance et l'intégrité de la patrie ?

Cette armée, le pays l'aime et il a raison de l'aimer, parce que la nation tout entière accomplit le même devoir d'abnégation et de discipline et elle trouve en elle la gardienne fidèle de son honneur et de ses lois. La France, sûre d'elle-même, pourra travailler dans le calme à la solution des problèmes qui assurent le bien-être matériel et moral des citoyens et continuer tant d'œuvres pacifiques et fécondes, aussi bien dans le domaine des idées, des sciences et des arts, que dans celui du travail économique sous toutes ses formes : agriculture, commerce et industrie.

Soyons plus justes envers nous-mêmes et ne laissons pas oublier que la France a toujours eu le même amour du progrès, de la justice et de l'humanité. Son passé de gloire constitue un patrimoine que nous devons conserver et accroître.

La République a donné à la France des institutions libres et lui a assuré le bienfait inestimable d'une paix ininterrompue; et la France, après ses blessures, a pu reconstituer son armée et sa marine, fonder un grand empire colonial, organiser l'enseignement à tous les degrés, se constituer des alliances et des amitiés précieuses, provoquer un merveilleux élan d'œuvres d'assurance, de mutualité et de prévoyance qui ont eu pour but de supprimer ou de diminuer les souffrances imméritées.

Développer cette œuvre est l'honneur de notre pays. Je m'estimerai heureux si je puis, grâce à l'union qui sera le but de tous mes efforts, contribuer à la réalisation de nos communes espérances et à l'affermissement de la République.

ÉMILE LOUBET.

Ce document parut terne au milieu du tumulte des invectives qui se croisaient en ce moment là. Pourtant le pays sut y trouver ce qu'il convenait d'entendre ; le Message commentait sobrement la signification du scrutin de Versailles.

Élu par les républicains, à l'exclusion absolue des représentants des partis déchus, M. Loubet avait dit à M. Charles Dupuy : « L'Élysée sera une maison républicaine », ouverte à « tous les républicains ». « Je suis, avait-il dit, un républicain, un *vieux* républicain, un *fidèle* républicain ». Il avait promis de n'oublier « *aucun* des grands principes qui sont l'honneur de la République et qui assurent la gloire de la France ».

Tous les cœurs se sentaient émus d'une espérance nouvelle. Une tradition que l'on pouvait croire perdue allait se renouer. Le Message corroborait, en termes mesurés, l'expression de cette idée évidemment nouvelle que la démocratie serait désormais le gouvernement du pays par les républicains. Il prononçait, en somme, la condamnation de la politique funeste qui, en associant la droite, le parti clérical, les adversaires de la Révolution et de ses idées, au pouvoir politique, avait amené la crise si dangereuse où la République se débattait alors.

Il formulait, comme une vérité supérieure aux divergences gouvernementales, la nécessité de « l'union de tous les républicains ». Ces mots n'étaient point tombés de la tribune sur une assemblée incapable d'en comprendre le sens. La droite les avait salués de protestations véhémentes. La gauche les avait applaudis avec enthousiasme.

— Vous applaudissez de peur! s'était écrié M. Lasies, exprimant ainsi, avec une nuance de défi dans l'expression, l'audacieuse confiance des césariens et des prétendants dans le succès prochain de leurs tentatives pour soulever l'armée et la rue.

Cette armée, que les violents flattaient dans l'intention de la pousser à servir leurs desseins, le président lui accordait de tout son cœur l'expression de sa profonde sympathie, mais il la désignait à sa place dans l'Etat, sans incorrecte flatterie, lui consacrant les plus enthousiastes lignes de son Message, mais il la nommait à son rang, après « les Chambres qui délibèrent librement les lois, la magistrature qui les applique, le Gouvernement qui les exécute ». Et cette nomenclature, dont l'énumération en toute autre circonstance eût été un lieu commun, ici prenait les proportions d'un rappel à la constitution, aux règles d'ordre public violées de toutes parts, à la tradition de méthode qui fut de tout temps la garantie des libertés alors en péril réel.

La Maison de M. Loubet
Rue Quatre-Alliances, Montélimar.

C'était encore par une haute pensée que M. Loubet rappelait les grandes œuvres accomplies par la République et résumait en quelques mots l'histoire de ces vingt-cinq années dont on faisait de toutes part le procès : paix prolongée, armée et marine reconstituées, empire colonial créé, instruction publique, alliances, œuvres d'assistance et de solidarité sociales. Et le Message s'achevait sur un appel à l'union et par ces mots : « L'affermissement de la République » qui impliquaient tout un programme de rénovation, de travail et de défense.

D'aucuns cherchaient dans ce document une allusion à la querelle qui tenait alors tous les esprits en haleine et surexcitait les colères des partis. Il suffit de considérer aujourd'hui l'éloignement presque indéfini de ces choses si récentes, pour comprendre la sagesse profonde de la réserve présidentielle. Est-ce donc que le chef de l'État n'est point placé par ses fonctions très haut au dessus des agitations de l'heure qui passe ? Et si grossi qu'il fût par le fanatisme, le cas judiciaire en suspens était-il autre chose qu'un incident ?

Le président de la République, qui n'avait pas à prendre parti dans une question où le devoir de tout bon citoyen devait être d'attendre avec patience et sans parti pris les décisions de la justice, faisait preuve d'une grande et ferme raison politique en se refusant à descendre dans cette arène où, pour le grand péril de toutes nos libertés, tant de hautes traditions, tant de forces sociales se trouvaient déjà compromises.

Cette réserve même soulignait la portée des paroles par lesquelles M. Loubet rappelait au Parlement et au pays les principes essentiels de toute politique vraiment républicaine.

Avoir dit tant de choses et si clairement, en termes aussi simples en apparence, et les avoir précisées par ce caractéristique silence sur les points dont il eût convenu que chacun s'abstînt de parler, c'était, qu'on nous permette de l'observer, mettre en œuvre les délicates vertus du terroir dauphinois dans ce qu'elles ont de plus précieux ; c'était allier le courage le plus réel à la plus significative prudence, deux faces d'un même caractère qui, dans les graves circonstances, font les héros parfaits.

Remarquez combien ce que l'on nomme le style, la musique de la phrase amoureusement enrubannée, sont absents de ce document très bref, alors que nous les retrouverons en plus d'un écrit de cet avocat maître de sa parole et capable de lui donner le tour le plus séduisant.

Le président a dépouillé ici et sa robe et jusqu'à sa personnalité littéraire. L'écriture en est rude, ferme, froide comme un bloc. Ceci est une pierre d'angle équarrie sans recherche, mais c'est une pierre sur laquelle nous bâtirons la maison républicaine sans craindre qu'une fissure en dégrade jamais les murs ou les mette en péril. Vous érigerez là-dessus à votre gré la demeure solide et massive ou la tour sculptée dont les ogives et les fleurons monteront vers les nuages.

Simple et ferme, disant juste l'essentiel en termes nets, le Message est un acte et marque une date. C'est le terme du chemin. Nous n'irons plus en arrière. Essayez d'en ôter un mot, d'arracher un grain à cette masse, impossible. Tout se tient ; le moindre élément y est indispensable.

A l'ouverture de la séance au Sénat, M. Franck Chauveau, vice-président, prit la parole, avant d'inviter M. Lebret à lire le Message, et il prononça la brève allocution que voici :

Messieurs et chers collègues,
Le moment n'est pas venu de retracer devant vous la carrière parlementaire si utile et si brillante parcourue au Sénat par M le président Loubet ; c'est à votre président définitif que cette tâche incombera.
Mais alors que nous nous réunissons pour la première fois depuis l'élection de notre président au poste le plus élevé de l'État, le Sénat voudra sans doute adresser un salut respectueux et cordial, ses félicitations et ses vœux, à celui qui, pendant de longues années, a été notre collègue, et il me sera même permis d'ajouter l'ami de tous les membres de cette assemblée.
Dans l'allocution émue qu'il nous a adressée à l'issue du Congrès, M. le président de la République a demandé leur concours aux représentants du pays, à tous les bons citoyens, pour apaiser les esprits, pour rétablir l'unité morale de la nation.
Assurons-le, mes chers collègues, que ce n'est pas en vain qu'il aura fait appel à ses amis du Sénat pour cette œuvre patriotique.

C'était là un délicat et cordial hommage, auquel tous les sénateurs républicains montrèrent qu'ils s'associaient pleinement et chaleureusement par leurs applaudissements répétés. Il y eut dans la haute assemblée, à cette occasisn, une répétition des manifestations enthousiastes du vendredi. Le Sénat, très sensible au péril que courait la République, éprouvait une satisfaction profonde de l'hommage que les républicains lui avaient rendu en confiant à son président d'hier la charge de la défendre, et l'impression en était vraiment telle que M. Franck Chauveau la traduisait. Le Message, lu par le garde des sceaux, interrompu par de fréquents applaudissements, fut salué à la fin par trois salves répétées sur tous les bancs de la majorité parlementaire.

Le président fit connaître encore la lettre de démission de M. Loubet : « Je remercie, disait-il, mes collègues des marques répétées de leur sympathie. L'Assemblée nationale m'a imposé de grands devoirs. Pour les remplir, je compte sur la confiance des *républicains* ; elle ne me fera pas défaut *et je ne la trahirai jamais.* »
Il eût été difficile de ne pas entendre ce que M. Loubet répétait avec tant de force depuis son élection. Ce n'était pas un programme de candidat, c'était l'affirmation, la profession de foi véritable d'un élu, maître incontesté de sa destinée nouvelle.

Le même jour, M. Loubet avait présidé le conseil des ministres et les avait informés de son intention d'assister aux obsèques de M. Félix Faure, c'est-à-dire d'accompagner le corps de son prédécesseur de l'Élysée jusqu'au Père-Lachaise.

A neuf heures et demie, le général Davout, grand chancelier de Légion d'honneur, accompagné de M. Demagny, secrétaire général de la grande chancellerie, et des officiers de sa maison militaire, s'était rendu au ministère des Affaires étrangères, qui était le siège provisoire de la présidence de la République, pour remettre à M. Loubet le collier de l'ordre. Les ministres assistaient à cette cérémonie. Le président de la République était en habit avec le grand cordon de la Légion d'honneur. Le général Davout lui mit au cou le collier d'or et lui donna l'accolade. Aucune parole ne fut échangée et cette remise solennelle du collier ne dura que quelques instants.

Il se produisit ce même jour un fait qui, pour n'intéresser que des personnalités étrangères au Parlement, n'en avait pas moins, vu les circonstances, la signification la plus haute.

On sait quel torrent d'injures et de calomnies une certaine presse déversait sur l'élu de l'Assemblée nationale.

On sait aussi qu'une ligue, dite « de la Patrie française, » s'était constituée à l'aide d'éléments forts divers, sous le prétexte de défendre l'armée. MM. Jules Lemaître, Coppée, Brunetière, de l'Académie française, étaient les membres principaux du comité de la ligue.

Les deux premiers s'étaient jetés tête baissée dans le courant de violences dont on a vu plus tard les singuliers effets. M. Brunetière se sépara de ses collègues, à cause précisément de leur attitude vis-à-vis du président de la République, et il ne nous semble pas inutile de reproduire ici un passage de la lettre par laquelle le distingué critique, directeur de la *Revue des Deux-Mondes*, blâmait ses amis, d'autant que les sentiments de M. Brunetière étant bien connus, donnent à sa protestation un haut caractère d'indépendance et d'impartialité :

Je ne connais pas M. Loubet ; je ne lui ai jamais parlé, je ne l'ai même jamais vu. Mais, en principe, je déclare qu'à mon avis, il est fort naturel que l'homme qui était le second de la République en devienne le premier lorsque la plus haute fonction du pays est vacante, et j'ajoute qu'il est monstrueux qu'une ligue qui s'intitule « pour la Patrie française », jette le soupçon sur le chef de l'État et s'associe aux injures et aux diffamations qu'on déverse sur lui. C'est une énormité et une absurdité.

En outre, mon sentiment est qu'une démocratie devrait être fière qu'un de ses fils d'origine modeste puisse s'élever à si haute fonction par sa seule énergie et ses mérites. Ne devrions-nous pas, nous, les démocrates, ressentir quelque joyeuse émotion de ce qu'une pauvre et brave vieille femme de France, restée fidèle à son lopin de terre et à sa coiffe de paysanne, ait donné à son pays un fils monté au pouvoir et demeuré d'esprit et de cœur simples ?

Enfin, jamais transmission de la présidence ne fut accomplie de façon plus prompte, plus régulière et plus exacte. Notre démocratie peut donc, à mon avis, éprouver en toute justice ce sentiment de fierté dont je parle.

MM. Mézières, A. Sorel, de Hérédia, André Theuriet, de l'Académie française, et nombre d'universitaires qui s'étaient fait inscrire à la ligue de la « Patrie française », suivirent l'exemple de M. Brunetière ; mais telles étaient les espérances des passionnés en ce moment troublé, que M. Coppée, interrogé au sujet de ces démissions, répondait à un journaliste : « Tout cela est bien peu de choses auprès des adhésions qui nous arrivent de toutes parts ; dans quelques jours nous serons cent mille : c'est un mouvement inouï dans la foule ».

Les événements allaient montrer où conduisait ce mouvement « inouï ».

Les républicains le comprenaient à merveille d'ailleurs : la démarche du conseil municipal de Paris auprès de M. Loubet, allait être l'expression même de leur émotion et de leur aspiration à la solidarité nécessaire.

Le 22 février, à deux heures, le bureau du conseil se rendait au Petit-Luxembourg pour rendre visite au président de la République. Le président, M. Navarre, dit qu'il apportait à M. Loubet les félicitations des élus de Paris qui étaient, en cette circonstance, les interprètes de la grande masse de la population parisienne. Il ajouta que le président et le Gouvernement pouvaient compter sur l'attachement du conseil et du peuple de Paris aux institutions républicaines : « La visite du bureau, *dans les circonstances présentes*, dit en terminant M. Navarre, offre un caractère que précise le nombre des conseillers qui ont tenu à se joindre à leur bureau ».

M. Thuillier, présentant en même temps le conseil général de la Seine, dit encore : « L'Assemblée nationale a su mettre cette haute et importante fonction en des mains loyales, en des mains sûres ».

M. Loubet répondait alors que s'il pouvait ne pas partager, sur tous les points, les opinions des membres du conseil municipal de Paris, il était heureux de leur démarche et confiant dans la sagesse de la population parisienne. « Pour moi, placé *par le parti républicain* à un poste d'honneur, je n'oublierai aucun de mes devoirs et je compte sur vos sympathies ». C'était, avec la même formule, toujours la même pensée ; la défense républicaine avait un chef autorisé, et si le mot ne se formulait pas encore, l'idée était dans toutes les paroles du président.

Les funérailles de M. Félix Faure allaient prendre un caractère grandiose. Toutes les puissances avaient envoyé à Paris des missions militaires extraordinaires, qui furent présentées par leurs ambassadeurs à M. Loubet, en l'hôtel des Affaires étrangères. C'était le premier contact officiel du représentant de la République française avec le corps diplomatique accrédité officiellement auprès de sa personne.

Nous ne reviendrons point sur les incidents qui chaque soir se renouvelaient autour des journaux dont les bureaux s'ouvrent sur le boulevard. Une campagne de diffamation et d'outrages sans précédents se poursuivait partout, à Paris et en province, par le journal, par la brochure, par l'image. Les accusations de M. Quesnay de Beaurepaire se répandaient sous la forme de placards dont on ne saurait reproduire les titres. Les ligues s'agitaient ; on entrevoyait dans les reportages des journaux l'organisation d'un vaste plan évidemment destiné à se réaliser en quelque échauffourée.

Les funérailles de M. Félix Faure furent un beau spectacle, une de ces féeries de la rue telles que Paris les aime. Au bruit que les manifestations du boulevard avaient fait depuis cinq jours, on pouvait craindre qu'une telle journée ne fût l'occasion de violences nouvelles. Rien ne vint troubler la majesté de ce défilé grandiose qui se déroula à travers la ville toute entière sous les yeux de deux millions de spectateurs.

Comme au jour de l'élection de Versailles, le temps fut d'une parfaite clarté. M. Loubet, comme il l'avait décidé, assista à la cérémonie toute entière. Il arrivait à l'Élysée à dix heures moins cinq, après les bureaux du Sénat, de la Chambre et les présidents de la Cour de cassation. Après la levée du corps, la famille, les officiers et toute la maison de l'Élysée ayant pris la tête du cortège, il s'avança à son tour, non plus seul, comme l'avait été M. Casimir Périer aux obsèques de Carnot, mais ayant à sa droite M. Franck-Chauveau, vice-président du Sénat, à sa gauche M. Deschanel, président de la Chambre des députés. M. Charles Dupuy, président du conseil, et M. Lebret, garde des sceaux, suivaient immédiatement.

A Notre-Dame, une place spéciale au fond du chœur lui ayant été réservée, M. Loubet assista à la cérémonie et reprit la première place du cortège jusqu'au Père-Lachaise, où de grands préparatifs avaient été faits pour donner à la cérémonie une ampleur exceptionnelle.

Aucune manifestation n'eut lieu sur ce parcours, dont la longueur dépassait certainement deux lieues. De longs discours furent prononcés à l'entrée de la nécropole, et ce n'est qu'après les avoir entendus et avoir pris congé des assistants que M. Loubet remonta en voiture pour se rendre au Petit-Luxembourg.

Tandis que la foule se dispersait, et que le cortège se disloquait, les délégations rentrant à leur siège, les troupes regagnant leurs casernes, une tentative à la fois ridicule et significative se produisait sur la place de la Nation, au passage de la brigade d'infanterie que le général Roget ramenait à ses casernements de Reuilly.

Trois cents membres de la Ligue des patriotes, ayant à leur tête MM. Déroulède et Marcel Habert, avaient pris rendez-vous sur la place de la Bastille. Invités par M. Carnat, officier de paix, à se disperser, ils avaient, sur un mot d'ordre, gagné par diverses rues la place de la Nation. Là, ils attendirent le défilé des troupes. M. Déroulède s'avança vers le général Roget, saisit son cheval par la bride, et cria : « Mon général, à l'Élysée ! à l'Élysée ! sauvez la France ! ». Et les ligueurs criaient à tue tête : « Vive l'armée ! »

Les régiments s'engagèrent dans le faubourg Saint-Antoine, toujours encadrés par les ligueurs et par la foule qui allait grossissant et répétant : «Vive l'armée ! » A l'entrée de la rue de Reuilly, le général Roget prit le chemin de la caserne : « A l'Élysée ! à l'Élysée ! mon général ! » lui criait encore Déroulède. La foule avait grossi, mais, soit qu'elle ne comprît point ce que l'on tentait de faire, soit qu'elle fût hostile aux projets des ligueurs, il n'y eut point cet élan sur lequel M. Déroulède comptait pour entraîner les soldats et faire, comme il l'a dit plus tard, un coup d'État de concert entre le peuple et l'armée.

Il y eut une suprême tentative à la porte de la caserne pour décider le général Roget à marcher vers Paris. M. Déroulède prit de nouveau le cheval par la bride et le général lui répondit : « On ne me fait pas faire ce que je ne veux pas. » Puis les troupes étant entrées, l'ordre de rompre les rangs fut donné aux soldats qui regagnèrent leurs chambrées. MM. Déroulède et Marcel Habert, invités à se retirer, s'y refusèrent et furent consignés dans la salle d'honneur, où le chef de la ligue des patriotes brûla ses papiers dans le poêle. Il portait sur lui la somme de cinquante mille francs, dont il est aisé de prévoir la destination en cas de succès.

Le soir, les manifestations sur le boulevard furent plus violentes et mieux ordonnées que jamais. Il y avait évidemment un plan d'émeute et de coup d'État où l'on entendait lier étroitement l'armée et la population. Elle n'excita qu'une surprise un peu sceptique lorsque l'on en connut les détails. Même les journaux qui la racontèrent le matin ne lui attribuèrent aucunement la portée profonde que la vision nette des circonstances lui a donnée plus tard ; quant à sa préparation, à l'enchaînement des causes secrètes, s'il est permis de les deviner, il demeure interdit à l'historien probe d'en rien formuler, toutes choses s'étant déroulées dans un mystère que les débats postérieurs n'ont pas éclairé.

Il n'en est pas moins vrai qu'il tint seulement à la bonne volonté un peu taciturne et d'apparence hésitante du général Roget, peut-être à l'attitude des troupes et de leurs officiers, que cette journée de deuil solennel ne s'achevât au milieu d'événements dont il n'est pas possible de concevoir l'enchaînement. On comptait sur la foule excitée par les violences de la presse pour faire, à travers tout Paris, un cortège immense à deux régiments révoltés contre la loi. Le sang n'eût pas manqué de couler cette nuit même. La faiblesse du Gouvernement autorisait toutes les craintes.

La prise de l'Élysée, palais dégarni de serviteurs et d'habitants, n'aurait pas eu à la vérité grand résultat ; mais il faut compter avec l'universelle lâcheté pour voir acclamer l'apparence du succès.

Certes, les autorités de la République légale étant toutes debout, indépendantes, en accord absolu pour le maintien de l'ordre et de la Constitution, il n'est pas possible d'admettre que le coup, s'il s'était accompli, eût un lendemain. Il n'en aurait pas moins ensanglanté Paris, jeté la terreur dans les départements et mis en doute, aux yeux des puissances, la solidarité des institutions que la France s'est donnée. Il n'est pas possible d'imaginer crime plus grand et plus digne des châtiments qu'il a comportés.

Rappelons nous que les ligues de toute sorte, et particulièrement la ligue antisémitique, pouvaient mobiliser à cette heure-là cinq mille individus de toute catégorie ; qu'elles avaient encadré des malheureux pris dans les quartiers populaires, des bouchers de la Villette, des garçons marchands de vin, toute une foule ignorante et violente, prête à se ruer au meurtre et au pillage si Paris leur avait été livré. N'a-t'on pas entendu M. Lépine raconter à la Haute Cour, au sujet des manifestations qui se produisirent plus tard, boulevard Magenta, que jamais ses agents débordés ne s'étaient trouvés en face d'une cohue aussi terrible, aussi bien organisée, aussi dangereuse ?

L'imagination s'épouvante à l'image des catastrophes qu'un hasard pouvait de la sorte déchaîner sur Paris. Et c'est en considérant sous cet aspect profondément réel la situation de cette heure si grave, que l'on comprend ces trois faits dont les contemporains ont eu le cœur tout empli : l'élan des républicains, des hommes d'ordre et de progrès vers M. Loubet ; le resserrement de tous les esprits autour de cet honnête homme ; la colère des partis déchus au lendemain de l'élection et lorsqu'il fut évident que l'élu demeurerait ferme à son poste.

Pour nous encore, une autre impression se dégage, plus forte que ne le furent celles-là : la reconnaissance profonde pour celui qui demeure calme, souriant, résolu au milieu de tant d'épreuves ; qui, ayant su accepter, malgré ses répugnances, une charge pleine de périls et de peines, a su organiser, dans le silence de ses fonctions, la défense républicaine qu'il avait promise et mieux encore, la victoire définitive de cet idée républicaine dont le renouveau, sous son action, a été l'étonnement de tous ceux qui suivent avec curiosité, parmi le torrent des faits, la marche des idées, leurs éclipses, leurs résurrections, la suite passionnante et dramatique de l'éternelle bataille dont les cerveaux de la foule forment le champ illimité.

Dès le premier jour de sa présidence, M. Loubet fit connaître à son entourage son intention de se rendre à Montélimar, son pays d'origine. Ce déplacement, dans la pensée du président, devait se faire sans aucun apparat. Il ne s'agissait pas d'autre chose que de profiter des vacances parlementaires qui allaient s'ouvrir.

De nombreuses obligations résultant de son installation nouvelle allaient retarder de quelques semaines la mise en pratique de ce projet.

Le mois de mars consacré au deuil s'écoula sans incidents notables, la campagne de diffamation se poursuivant d'ailleurs sans interruption.

M. Loubet s'installa à l'Élysée huit jours seulement après le départ des membres de la famille de M. Félix Faure. Ses premières sorties furent une visite à l'exposition du cercle de l'Union artistique, et une seconde visite au concours agricole : là, M. Loubet se montra tel qu'il est, amateur éclairé et passionné des choses rurales ; il serra affectueusement les mains de paysans qui se tendaient vers lui, et leur dit : « Je suis des vôtres. Rien ne me plaît plus que le travail de ma terre et je n'aspire plus à d'autres joies qu'à retourner dans la ferme où je suis né, à l'expiration de mon mandat ».

Il ne se vantait point. Tout éloigné qu'il fût des travaux de la terre, par son labeur d'avocat et par les charges publiques qui lui avaient été confiées, il était demeuré très attaché à son foyer de Marsanne, à ses champs, à ses élevages, surveillant de près tout ce qui s'y rapportait, y revenant chaque fois que les vacances parlementaires lui en laissaient le loisir, toujours en étroites relations avec sa vieille mère qui, présente en sa maison des champs, en dirigeait l'exploitation.

Trop avisé pour s'être jamais laissé griser par les succès de sa fortune politique, il demeurait *simple* dans ses goûts, sincèrement lié à ses modestes origines, et surtout passionnément épris de la vie rurale, provinciale, au point d'apporter en toute sincérité dans ses travaux d'homme public, l'esprit, les aspirations, les façons de voir d'un bon bourgeois de France très intéressé aux choses de sa terre. Nous concevons ce livre, non comme un panégyrique, mais comme la sévère étude d'un caractère qui nous est profondément sympathique et que nous voulons dessiner tel qu'il est.

Plus d'une fois, nous reviendrons sur ce côté très particulier de M. Loubet. Nous le montrerons tel dans son œuvre considérable, dans ses discours, dans ses rapports, dont on ferait, en les réunissant, une intéressante bibliothèque. Mais contons auparavant les incidents dont furent faits ces premiers mois d'une présidence commencée au milieu de graves présages et de circonstances fâcheuses.

Si violente et bien organisée que fût la campagne de diffamations envers M. Loubet, menée par une partie de la presse parisienne, par toutes les *Croix* de province, par tous les journaux hostiles à la République, elle n'avait pas ému le fond de l'opinion, on l'a vu plus tard. Pour le moment, chacun pouvait s'y tromper, tant la clameur était forte, et la révolte des consciences ne se manifestait pas encore.

Le mois d'avril vit M. Loubet apparaître en public pour la première fois, tout au moins parmi la foule et avec le cérémonial accoutumé. Le 2, il se rendit à l'hippodrome d'Auteuil pour voir courir le prix du président de la République. Le milieu où il allait se trouver était assurément hostile. Les sportsmen, les spectateurs du grand monde et le public très spécial des courses n'avaient aucune sympathie pour la République parlementaire ni pour son représentant. Pourtant, M. Loubet, acclamé par les passants sur le parcours de l'Élysée au bois, fut accueilli avec les marques du plus grand respect par les membres des sociétés sportives dont il était l'invité.

Ces réunions au premier soleil du printemps sont les grandes journées de la vie mondaine à Paris, le prétexte à l'exhibition des premières toilettes de la saison, à la mise en scène du luxe et du plaisir. Le président s'y était rendu avec Mme Loubet, que le Paris mondain connaissait peu, bien qu'elle eût montré dans sa tâche de maîtresse de maison, dans les ministères occupés par son mari, et surtout au Petit-Luxembourg, des qualités de grâce et de distinction qui n'avaient pas peu contribué à la désignation du président du Sénat pour ce rôle si difficile de représentation, où l'intelligence et la correction de la femme sont placées à une délicate épreuve.

Il se passa ce jour-là un menu fait sans importance, qui fit connaître aux assistants la manière dont le nouveau chef de l'État allait en user avec ce protocole dont nous avions depuis longtemps les oreilles rabattues. Quand la voiture présidentielle fut signalée, les troupes n'avaient pas encore formé la haie, faute d'avoir été averties à temps, et les tambours ne battirent pas aux champs selon la coutume. Le président parut très naturellement ne pas s'en apercevoir, ne laissa rien paraître qui pût faire supposer qu'il était offensé de cet oubli, garda son air bienveillant. Personne n'aurait su ce qui venait de se passer, si le gouverneur de Paris, le général Zurlinden, n'avait envoyé des ordres, et si les journalistes présents, ainsi que tout le public, n'en avaient aussitôt parlé.

On avait remarqué déjà à plusieurs reprises cette indifférence, sans affectation, pour les honneurs dans ce qu'ils ont d'extérieur, d'apparent et de matériel. Résolu à plier en toutes choses aux exigences de son rôle, il était visible que M. Loubet ne prenait aucun plaisir personnel aux formes parfois solennelles du cérémonial dont le président de la République est entouré.

Selon le mot d'un homme qui a beaucoup connu les hommes politiques de ce siècle, il « *souffrait* son rôle avec bonne grâce, dignité et souci de bien faire ; il n'en jouissait nullement » ; surtout il était trop Dauphinois de pure race, pour ne pas distinguer entre ce qui, dans les marques d'un culte protocolaire, s'adresse à la fonction et ce qui s'adresse à l'homme, la fonction exigeant que l'homme subisse avec dignité des hommages réglés d'avance, l'homme sentant bien que le jugement intime est le seul qui vaille, le seul prix dont se paie la haute correction de la vie et le dévouement à la fonction.

Au surplus, hors de toute représentation, M. Loubet est demeuré tel qu'on le connut au Sénat quand il y vivait portes ouvertes, ses collègues ayant toujours accès auprès de lui, quiconque avait affaire à lui l'approchant sans peine ; accueillant, bienveillant à tous, sachant s'intéresser aux affaires de tous, faisant beaucoup parler, écoutant, causant peu, mais capable de s'échauffer dans l'ardeur de la conversation pour donner en termes clairs son avis sur une question, un conseil utile savamment développé ; ayant surtout cette habileté rare ,qu'on n'acquiert pas à moins que le cœur ne la donne, de ne jamais parler de lui-même et d'entretenir chacun du sujet même dont le visiteur était préoccupé.

A l'Elysée, où le nombre des réceptions quasi obligatoires est chaque jour considérable, et absorbe tant de temps, il en reste assez pour que les amis de la veille aient leur heure. Mais amis ou inconnus sont vite à leur aise en face de cet homme droit qui veut savoir, qui écoute et qui interroge avec autant de bonne grâce que si son cabinet était celui d'un homme parfaitement maître de ses instants et exclusivement intéressé par le sujet dont on l'entretient.

Le fait est trop rare pour n'être pas noté au passage. Du reste, il convient de dire, ce qui est l'absolue vérité, que, durant les premiers mois de son séjour à l'Elysée, il ne cessa de regretter la paix profonde, la sérénité d'esprit et les loisirs dont il jouissait au Petit-Luxembourg et peut-être même la modeste existence de sénateur à 25 francs par jour qu'il mena si longtemps dans son logis de la rue de Seine.

Mais la présidence du Sénat, sa résidence calme dans un quartier si paisible, sous les ombrages du vieux jardin, il y revenait sans cesse par la pensée, ayant vécu là les plus douces et les plus heureuses journées de sa carrière, entouré de l'estime et de l'amitié de ses collègues, sincèrement attachés à lui pour tout ce que son caractère comportait de bonne grâce et de sympathique douceur.

A la vérité, la haine des partis était excessive; il n'était point d'exemple d'un débordement d'injures et de calomnies pareil à celui dont il était l'objet; et si calme qu'il demeurât sous l'orage, il avait lieu de retourner avec mélancolie vers les jours paisibles qu'il avait passés, presque ignoré, du moins trop loin de la foule pour être la cible vivante des fureurs politiques de son temps. D'autant qu'il ne se sentait peut-être d'abord ni protégé comme un président eût dû l'être, ni soutenu comme il avait le droit de l'espérer.

A n'écouter que son goût, il eût refusé certainement le comble d'honneur où l'expérience des républicains le devait porter.

Il n'accepta qu'après avoir consulté les siens, c'est-à-dire pris l'avis de sa vaillante femme, trop intéressée à son destin pour qu'il fût permis d'agir contre son gré. Elle vit bien le devoir, elle qui devait en souffrir plus que personne et qui devait, plus que lui-même, abandonner avec douleur sa vie paisible pour les redoutables charges d'une maison quasi souveraine. Mme Loubet le soutint dans les épreuves du début avec ce courage incomparable des femmes de grand caractère, toujours plus fortes que l'homme en ces passages difficiles.

Ce n'est diminuer en rien M. Loubet que de parler ainsi, d'autant que le président dit un jour un mot qui le peint tout entier. C'était à l'un de ces moments — il serait indiscret de préciser — où la conduite des destinées du pays exigeait, de la part du Gouvernement, une prudence, une attention et un sang-froid exceptionnels : M. Loubet sentait le poids énorme des responsabilités, le besoin de l'action constante, l'impérieux appel des devoirs. Il énumérait les périls et les difficultés de l'heure et rappelait combien ils exigeaient de labeur constant, de réflexion, de volonté réfléchie : « Maintenant, ajouta-t-il, je ne regrette plus le Petit-Luxembourg; et c'est la première fois que je puis le déclarer. »

Et maintenant, pour reprendre l'histoire de ces premiers mois de présidence, il nous faut suivre les premiers voyages. Ils furent un intermède ensoleillé parmi les complications et les labeurs de l'année qui allait s'écouler, parmi les derniers incidents que l'odieuse campagne de presse devait provoquer.

Nous trouverons nous-mêmes, à les conter, un repos, un apaisement et la promesse des victoires définitives que l'idée républicaine allait remporter enfin.

CHAPITRE SECOND

M. Loubet avait coutume, toutes les fois que ses fonctions lui en laissaient le loisir, de se rendre à Montélimar. Il était maire de cette petite ville, il s'occupait avec beaucoup d'attention des intérêts municipaux ; il était fort aimé dans le pays tout entier. Il possède une maison, sa demeure familiale, rue Quatre-Alliances, au chef-lieu de l'arrondissement, et une grosse ferme isolée avec des terres assez considérables à la Terrasse, dans la commune de Marsanne.

Exactement, si l'on supprime de sa vie les mandats publics dont il a été revêtu et le vaste labeur auquel ils ont donné lieu, le président de la République française est un avocat, un peu rentier, propriétaire rural, un bourgeois faisant valoir ses terres. Telle était la situation personnelle de son père, qui avait vécu presque toute sa vie à la Terrasse.

La mère du président n'a jamais cessé d'habiter cette maison. C'est là qu'Emile Loubet est né le 31 décembre 1838. Il aime sa ferme, ses champs, sa vieille maman si fière de son fils, de ses deux fils, car le frère du président a fait une carrière modeste, mais fort honorable.

Le docteur Loubet a exercé pendant de longues années la médecine à Montélimar et il vient de se retirer à Grignan, le pays de sa femme.

Quand le député, le ministre, le président du Sénat pouvait quitter le harnais politique, il courait se délasser parmi ses prairies et ses guérets. Il se levait à l'aube, chaussait des sabots, allait aux champs avec les laboureurs, menait la charrue, excellait à faucher l'herbe haute, et surtout veillait aux mille soins de la maison rurale, établissait les comptes de recettes et de dépenses avec le même soin, le même esprit de sage équilibre que nous lui verrons apporter aux finances de la République. Le petit budget le délassait du grand.

Les premiers soucis de sa nouvelle élévation n'étaient certes pas encore dissipés que déjà le président de la République rêvait d'aller embrasser sa mère, de revoir sa ville et ses amis. Et tout de suite il eut l'idée d'une fugue incognito, d'un départ sans tambours ni trompettes, la voiture du palais ou le fiacre vulgaire le menant un beau soir à la gare de Lyon, le billet de première classe pris au guichet, le voyage dans un coin de compartiment, parmi des voyageurs inconnus qui s'en vont à leurs affaires et ne se soucient point d'un compagnon de fortune. Là dessus, l'arrivée à Montélimar dans le calme habituel de la ville endormie, la poignée de main aux amis, le déjeuner dans la maison familiale, dont la face semble sourire à l'absent, une visite à la mairie comme jadis et le départ pour Marsanne dans le breack accoutumé. Tel était bien le rêve de M. Loubet, l'homme de France le mieux résigné à subir les exigences de sa fonction, à marcher au son des tambours, à se lever, s'asseoir, saluer, se taire, discourir selon les règles du protocole, tant que les exigences de la fonction l'y soumettent, mais le plus désireux aussi d'y échapper quand la fonction sommeille. Il eut le tort, si l'on peut le dire, d'en sourire. L'escapade n'était possible qu'à la condition de garder un silence absolu et de la réaliser à l'improviste ; mais il suffit qu'une oreille l'entendît pour que toutes les têtes de France en fussent averties ; et le beau plan s'écroula. Les journaux, dès le mois de février, avaient annoncé le projet. Toute la droite fut aussitôt sens dessus dessous. Les municipalités de Valence et de Montélimar prirent le train pour Paris.

Les ministres firent observer qu'un président n'a point le droit de voyager comme un simple citoyen, que la coutume exige un vaste apparat, que l'intérêt de l'État et la responsabilité ministérielle commandent de veiller de très près sur les jours du premier magistrat, que le départ impromptu mettrait le Gouvernement dans une situation terrible, car, s'il arrivait un accident... M. Loubet dut s'incliner devant tant de raisons.

Il fit à son successeur, M. Paul Gauthier, maire de Montélimar, l'acceuil cordial que l'on devine. Il reçut le préfet de la Drôme, ses collègues de la veille au conseil général, le maire de Valence, et accepta de très bonne grâce l'invitation officielle cette fois qui lui était faite d'aller visiter ce pays qu'il brûlait de revoir. Dès lors, il fallut en passer par la plupart les exigences réglementaires pour les voyages présidentiels. Ce que l'on put conserver d'intimité dans le déplacement souhaité se réduisit à fort peu de choses. Point d'escorte au départ, point de journalistes, ou tout juste le plus petit nombre qu'on en pût accepter. Les confrères de Paris et de la province furent réduits à se rendre d'avance à Montélimar et à étudier sur place l'impression qu'une petite ville des frontières du grand midi ressent à la pensée qu'un de ses enfants est appelé au poste suprême où le citoyen traite d'égal à égal avec les rois et les empereurs. Nous les suivrons dans le récit qu'ils en ont fait, car ils furent des témoins véridiques, et leur impression ne saurait être remplacée par aucune description personnelle.

M. Loubet partit de Paris le mercredi 5 avril, à neuf heures et demie du soir. On avait aménagé à la gare de Lyon un salon d'honneur. Plusieurs ministres, le général Zurlinden, gouverneur militaire de Paris, M. Noblemaire, directeur des chemins de fer P.-L.-M., un grand nombre de personnages officiels le reçurent à son arrivée. La foule, au dehors et sur le quai de la gare, lui fit une chaleureuse ovation.

M. Dupuy prit place avec lui dans le wagon-salon, ainsi que le général Bailloud, chef de sa maison militaire, M. Combarieu, chef de la maison civile, le commandant Legrand et son secrétaire particulier, M. Poulet.

Le train passait en gare de Lyon-Perrache à six heures du matin. Malgré l'heure, la foule massée au dehors était compacte. Il n'y eut d'arrêt que le temps nécessaire pour que M. le général Zédé, gouverneur militaire de Lyon, chef de la défense du Sud-Est, et M. Lombard, préfet de la Drôme, pussent prendre place dans le wagon. Le train entrait en gare de Valence à huit heures et demie.

La plus froide gravité que le protocole eût pu imposer n'aurait pas résister à l'accueil cordial, familier, enthousiaste, fait d'orgueil local et de profonde sympathie personnelle, que le chef-lieu de la Drôme réservait à celui qui avait si longtemps présidé l'assemblée départementale, représenté le département au Sénat, et que chacun considérait comme un glorieux compatriote.

A la vérité, la visite à Valence ne dépassait pas l'ordinaire présentation, à la gare même, des autorités et des sociétés locales. Et pourtant, toutes les rues qui y conduisaient étaient pavoisées, la cité sombre, aux carrefours étroits, était en fête. Et puis, tout le monde faisant partie d'une société, c'était la ville entière qui allait défiler dans la cour extérieure de la station, gardée par des artilleurs du 6ᵐᵉ régiment et des cavaliers du 1ᵉʳ hussards. Tous étaient là, même les pêcheurs du

Rhône, les anciens menuisiers, la Société des joueurs de boules, et sa rivale, « l'Indépendante ». Comment eût-il pu se faire qu'un Valençais en fût absent ?

Dès que le train entre en gare, une immense acclamation retentit. C'est la population qui jette aux échos du Rhône le cri de : Vive Loubet ! Le président descend de son vagon tête nue, en habit, portant le grand cordon de la Légion d'honneur. Son visage rayonne. La fatigue d'une nuit passée en chemin de fer n'apparaît nullement sur ses traits. Il sourit avec une joie profonde aux conseillers généraux, ses collègues d'hier, ses amis, qui sont respectueusement rangés sur le quai. Il marche vers eux la main tendue, affectueux, ravi, et suivi de M. Charles Dupuy, du général Zédé, de tous ceux qui l'ont accompagné et qui le reçoivent ici, il marche vers le salon brillamment décoré où les présentations vont avoir lieu.

Le premier, M. Maurice Faure, vice-président de la Chambre des députés et vice-président du conseil général de la Drôme, prend la parole :

« Ce serait presque de l'ironie, dit-il, de vous pré-
« senter le conseil de la Drôme. Personne ne le connaît
« mieux que vous. Appelé à y siéger au lendemain de
« nos désastres, vous en étiez encore hier un des mem-
« bres les plus actifs... Vous n'y comptez que des amis
« qui, oubliant quand il le fallait les dissidences secon-
« daires, n'ont cessé, depuis de longues années, en
« vous plaçant à leur tête, de donner l'exemple de cette
« union si désirable des républicains, affirmée avec tant

« d'opportunité et d'éclat par votre élection à la prési-
« dence de la République ».

L'allocution s'achevait par un très chaleureux salut au républicain intègre et loyal. Et, dans sa réponse, M. Loubet faisait allusion à son tour à la fidélité républicaine qui avait maintenu dans le conseil général de la Drôme l'union et la concorde la plus étroite.

« Je ne trahirai pas plus, disait-il, les devoirs que m'a imposés l'Assemblée nationale que je n'ai trahi la confiance de mes concitoyens. »

Il disait ces paroles graves à ceux qui pouvaient les juger. Il se donnait témoignage de sa vie passée devant ceux qui la connaissaient toute entière ; et cela sans morgue, simplement, comme un homme parlant à d'autres hommes de ce qu'ils n'ignorent pas plus que lui. Au maire de Valence, M. Henri Chalamel, qui lui souhaitait la bienvenue en termes chaleureux, M. Loubet répondait de même, félicitant la ville de Valence de ses opinions républicaines, annonçant avec bonne humeur la solution d'un de ces interminables projets que poursuivent toutes les villes : pont, gare, service d'eaux. Ici c'était d'un pont qu'il s'agissait, d'un pont sur le Rhône entre Valence et l'Ardèche.

Différence profonde avec les réceptions d'autrefois, avec l'ordinaire de ces sortes de cérémonies. M. Loubet se trouvait ici au milieu de personnages qui le connaissaient parfaitement, qu'il avait vus cent fois lui-même ; et, au lieu de se tenir immobile au fond du salon, attendant que les personnalités lui fussent présentées une à une, il allait vers elles, serrait les mains, prêt à causer familièrement comme jadis, et se reculant d'un pas pour recevoir avec sérénité l'averse des allocutions apprises par cœur. L'évêque de Valence, M. Cotton, avait tourné un petit compliment d'où le mot de République était exclu, M. Loubet le mit au bout de sa réponse avec une malice courtoise.

Puis défilèrent les autorités, rapidement ; la présentation s'achevait dans la cour de la gare, pendant que les clameurs du dehors s'élevaient plus vigoureuses, plus chaleureuses qu'au début. De petites filles présentaient un gros bouquet et M. Loubet, grand-père très bienveillant, les embrassait avec bonhomie.

Dans la cour de la gare, devant les troupes rangées, le président allait distribuer ensuite des décorations militaires. Un sous-intendant recevait la croix de la Légion d'honneur. Un adjudant du 1er régiment de chasseurs, un adjudant du 6e d'artillerie, deux maréchaux des logis de gendarmerie, recevaient la médaille militaire. On ouvre le ban, les nouveaux promus s'avancent. Le président donne l'accolade au sous-intendant. Le protocole veut qu'il se contente d'épingler la médaille sur la poitrine des simples sous-officiers ; mais il n'a cure du protocole et il ouvre ses bras paternellement aux adjudants et aux gendarmes, qui en pleurent à chaudes larmes. Tandis que les clairons sonnent, les assistants émus commentent le fait. Le président ne connaît point les grades, il ne connaît que de bons Français faisant leur devoir chacun à sa place.

M. Loubet revient à l'angle de la cour où les délégations sont pressées, même un peu tassées. Il connaît la plupart de ces braves gens ; il distribue des décorations, palmes académiques, croix du Mérite agricole, médailles d'honneur ; et tandis qu'on l'acclame, il regagne le salon de la gare, il salue ses hôtes une dernière fois et monte dans le train qui repart à neuf heures dix.

Ainsi s'est accomplie la première visite du président Loubet à sa terre maternelle du Dauphiné. Elle a été courte, mais le président a promis de revenir.

Pour aujourd'hui, il a hâte de revoir sa ville à lui, la petite cité modeste mais vivante où il a laissé une bonne part de son cœur et qui l'attend fiévreusement depuis des semaines, l'impatience croissant à mesure que le grand jour approche. Comment ne serait-elle pas émue, passionnée, emballée, la ville où Émile Loubet est aimé de tous sans exception, où il a son chez lui, où il sait les secrets de chaque foyer, où les moindres intérêts lui sont connus, où il est un peu le père de famille commun, le chef de toute la vie municipale, l'élu et le conseiller de la foule. L'élévation de son maire très estimé a paru toute naturelle aux Montiliens tant qu'il s'est contenté de devenir député, sénateur, ministre de la République, président du Sénat.

Mais le rang suprême a beau être approché de si près qu'il n'y ait plus à le désirer, il conserve pour la foule un prestige dont toutes les fonctions éminentes, toutes les simarres, si un président du Sénat portait la simarre, toutes les hermines, les plumets, les manteaux, les épées, si nous avions gardé les vêtements du Directoire tels que David les dessina, ne permettraient jamais à personne d'atteindre l'éclat. Et l'élévation de M. Loubet à cette magistrature, qui garde pour nos imaginations un reflet des splendeurs royales, a ravi les Montiliens qui sentent sur eux un peu de son rayonnement.

Et puis non ; ils aiment profondément M. Loubet, leur maire depuis vingt-cinq ans ; ils l'ont toujours réélu, à d'imposantes majorités, parfois sans concurrents. Ils sont heureux de cette beauté de fin de carrière qui satisfait leurs profondes, leurs intimes sympathies. Ils ont tout préparé pour que la ville fasse à son enfant de prédilection une réception digne d'elle et de lui.

On a apporté par charretées le buis coupé dans les montagnes voisines, les verdures cueillies dans la forêt de Marsanne. On a dressé des arcs de triomphe, pavoisé, décoré, fleuri, enrubanné les rues et les places publiques. Toutes les maisons ont leurs trophées de drapeaux. Cependant, de tout le département, et de Lyon, d'Avignon, de Marseille même, et de l'Ardèche et de l'Hérault, des populations sont accourues. Les hôtels ne peuvent loger tant de monde. Il y a quarante-cinq mille habitants à Montélimar qui en compte habituellement quinze mille.

La veille au soir, Mme Loubet mère, alerte en dépit de ses quatre-vingt-six ans, a quitté la Terrasse dans sa voiture aux rideaux de cuir. La Terrasse, que

Arrivée du Président à Valence

les reporters connaissent bien, que tous les journalistes ont visitée depuis un mois, et où M. Loubet n'ira pas parce qu'il a fallu se résigner au programme du voyage officiel tel qu'il était arrêté. L'escorte ne pourrait passer dans l'étroit chemin qui relie la ferme au village ; de la sorte, il n'y avait plus aucun intérêt à visiter Marsanne. Ainsi en avaient décidé les ministres et la municipalité de Montélimar, jalouse de ne pas perdre une minute des deux jours fort entamés que M. Loubet pouvait consacrer à son voyage.

Elle était donc venue, la vénérable paysanne, la veille au soir, incognito, sans bruit, accompagnée de sa grangère (la femme du *granger*, le métayer), et celle-ci, à l'arrivée du vieux breack, lui a tendu la main pour l'aider à descendre : « Mais elle est droite encore (1), et la joie a coloré son visage. Ses yeux gris bleu, les yeux de son fils, pétillent à la vue rapide des guirlandes et des oriflammes plantées devant les portes pour fêter la venue du président. Elle descend lentement et pénètre dans la maison. Le trottoir est très étroit. C'est une vision. Mme Loubet mère est toute habillée de noir; robe simple, caraco noir, le bonnet noir tuyauté avec de longues brides formant nœud sur le cou... » Et tandis que les salves d'artillerie et la musique, parcourant la ville dans une retraite aux flambeaux, annoncent la fête du lendemain, tandis que la foule, immense dans les rues, bruit avec cette intensité de mouvement qui

---

(1) *Petit Méridional*.

annonce déjà le midi provençal tout proche, la porte se referme ; la mère du président est entrée chez son fils et, pour qu'elle repose en paix cette nuit, on répond aux indiscrets qui l'ont vue que c'est une erreur, qu'elle n'arrivera que le lendemain.

La grosse cloche de la Madeleine sonne le couvre-feu comme aux âges disparus, mais nul feu ne s'éteint. Montélimar est en joie. A l'aube, la cloche sonne encore et cette fois son timbre énorme répond aux salves de l'artillerie.

La ville s'éveille en fièvre ; on se hâte de réparer les dégâts que le vent de la nuit a causés aux arcs de triomphe et aux décorations de la rue. Ce sont partout des drapeaux, de toutes couleurs, des panoplies innombrables ; déjà la police et les troupes barrent les voies, rejettent la foule sur les trottoirs. L'heure sonne enfin où le train doit entrer en gare. Les personnages officiels sont là pour recevoir le président et lui faire les premiers honneurs de sa ville, les généraux, le conseil municipal, les présidents des sociétés locales.

Il fait beau. Sur la foule qui emplit les avenues, les places, les abords de la station, le soleil de germinal rayonne, splendide ; il fait ce même ciel d'une absolue pureté que nous vîmes à Versailles le 18 février, à Paris le jour des funérailles et qui semble être de la fête toutes les fois que M. Loubet accomplit parmi les foules les actes de sa vie publique. Tout proche est le jardin public, dont l'immense pièce d'eau et les cascades étincellent au soleil parmi les nacelles pavoisées ; tout est drapeaux, guirlandes, fleurs, ballons vénitiens cachés dans les massifs.

Le train officiel arrive enfin ; le canon tonne, les musiques militaires jouent la *Marseillaise*. M. Loubet entre en président de la République, comme pour un triomphe, dans cette ville qu'il avait quittée sans bruit deux mois auparavant. M. Gauthier, maire de Montélimar, son ami, lui souhaite la bienvenue ; le président, dans sa réponse, ne dit pas un mot de politique. Il est tout entier à la joie de se trouver parmi ses montagnes, ses amis de toujours, dans son milieu de prédilection.

Dès qu'il met le pied sur le sol même de la cité, l'acclamation retentit, s'élève en rumeur immense, en un chœur aigu de voix enthousiastes dont le bruit domine tout ; lui-même en est surpris, un instant troublé. Il met la croix de commandeur au cou du général Marchand et ne parvient pas à nouer les cordons : c'est le général Bailloud qui les attache. Il attribue encore d'autres décorations militaires et, le cortège s'étant formé, le président monte en voiture et l'on part. On traverse toute la ville, sous des arcs de triomphe dont plusieurs sont splendides, les décors de feuillages, de verdures et de fleurs ayant un charme exquis.

M. Loubet retrouve à chaque pas des figures de connaissance et les salue de la main cordialement. Sur la place d'Armes, où sont le palais de justice, les télégraphes, la sous-préfecture, contre le mur de laquelle une estrade a été élevée en terrasse intérieure. C'est là que l'on a conduit Madame Loubet mère, pour qu'elle soit la première à voir passer son fils parmi les acclamations populaires. La vénérable maman est assise à côté de sa petite-fille, Mme Soubeyran de Saint-Prix, fille du président, et de plusieurs dames qui sont, pour la plupart, ses petites nièces. M. Loubet n'était point averti ; mais il aperçoit sa mère et donne au cortège l'ordre de s'arrêter.

Le président descend. Mme Loubet le salue de la tête ; son visage est émerveillé, ravi ; elle le suit des yeux pendant qu'il traverse le court espace qui sépare la voiture du jardin. Il entre, il court et, les yeux mouillés de larmes qu'il ose enfin laisser couler, il saute au cou de sa mère. La scène attendrissante, pendant laquelle la foule, trop émue, a fait soudain le plus profond silence, dure une minute à peine : « A tout à l'heure, mère, dit-il en redescendant les degrés de l'estrade » ; et, tandis qu'il remonte en landau, un cri prolongé de « Vive Loubet ! » sort de toutes les poitrines.

Le président se rendait, avec tout son cortège, à l'hôtel de ville, où il allait être l'hôte de ses concitoyens. Il la connaissait bien, la vieille maison commune, pour y avoir longtemps travaillé, pour y avoir appris, pendant des années, le maniement des finances publiques, la conduite des affaires, l'art de diriger les intérêts de tous. Là, les présentations et les réceptions ont lieu. M. Loubet est chez lui. Quand défilent les conseillers municipaux, il dit au président du conseil, debout près de lui :

— Il y en a plus de dix, parmi vous, qui sont de vieux collaborateurs et qui datent du 4 septembre.

Aux membres de la société du Sou des Écoles laïques, qui le saluent, il répond :

— Nous l'avons fondée ensemble.

Le général Zédé, ce loyal soldat qui a toutes les vertus du chef d'armée républicain, lui présente les officiers de la garnison :

« Par ma voix, lui dit-il, ils vous assurent de leur absolu dévouement à la République, de leur profond respect pour votre personne. »

Le président le remercie et rappelle les cordiaux rapports que le maire de Montélimar entretint toujours avec les autorités militaires. Et quand il a répondu au curé de Montélimar, dont le petit discours, personnellement correct, salue le premier magistrat de la République, M. Loubet se tourne vers ceux qui l'entourent : « Au moins, dit-il en riant, on parle de la République, ici. »

Il n'y a guère personne qu'il ne connaisse. Aux compliments empesés des fonctionnaires, il répond : « Comment allez-vous ? » Il demande à l'un des nouvelles de son fils ; il dit à l'autre : « Vos petites filles sont bien mignonnes, je les ai embrassées tout à l'heure. »

Le bâtonnier de l'ordre des avocats de ce barreau,

auquel M. Loubet est resté trente-cinq ans fidèle, présente, au confrère illustre, les confrères heureux de son triomphe. Les deux hommes se tendent les bras et s'étreignent, profondément unis l'un et l'autre ; et quand les avocats sont passés, le président dit à M. Dupuy :

— M. Meyssier, bâtonnier, fut mon adversaire acharné en 1885. Il était et il est demeuré mon ami personnel.

Aux instituteurs, le président donne, en termes sobres et vigoureux, des conseils qu'il faut retenir et que l'on ne négligera pas impunément : « Leur tâche
« est d'enseigner les devoirs qu'imposent la vie pu-
« blique et la vie familiale : ils doivent enseigner les
« devoirs sans négliger les droits. Ils doivent com-
« mencer par les premiers, assurés que les seconds
« seront bien vite appris par tous. En accomplissant
« cette mission, ils auront travaillé dans l'intérêt de
« la France et de la République, et dans le leur pro-
« pre... La sagesse, la prudence, la correction, voilà
« ce qui est indispensable aux éducateurs de la jeu-
« nesse. »

Après la réception, la promenade par les rues emplies de monde, pavoisées, enguirlandées de toutes parts. Des camelots vendent des chansons. M. Loubet visite l'hôpital, qui compte deux cents lits et ne garde pour le moment que quatre-vingts malades, dont la moitié sont des militaires. Le président les voit tous un à un, conduit par le médecin-major. Il attache la médaille de l'assistance publique sur la guimpe de la supérieure, remonte en voiture et, sous l'interminable voûte de verdures et d'arcs dont la ville entière s'est parée, il arrive enfin à sa maison, rue Quatre-Alliances. Les troupes présentent les armes ; les tambours battent, les clairons sonnent. Le président rentre dans sa demeure, si tranquille au milieu de la ville en fête. Il va passer quelques instants avec les siens avant d'assister au banquet qui lui est offert.

A une heure, il sort, à pied, accompagné des généraux, et se rend à la halle, merveilleusement décorée, où des tables sont préparées pour recevoir six cents convives.

Après le banquet, les toasts. M. Paul Gauthier, le maire, prononce une allocution enthousiaste que l'on applaudit à plusieurs reprises. Le président répond. Il parle longuement, plus longuement qu'il n'a pu le faire encore ; et son discours exprime la même idée que son Message, la pensée que nous l'avons vu poursuivre et traduire sans cesse comme un mot d'ordre. Il remercie ses concitoyens, il rappelle qu'il doit à leur confiance d'avoir pu exercer sans interruption les mandats dont il a été investi :

« — Les opinions républicaines et libérales que j'ai
« défendues ne sont-elles pas les vôtres ? Cet esprit
« de tolérance et de concorde dont je me suis inspiré,
« n'en ai-je pas trouvé ici la source ?... Cette récep-
« tion enthousiaste s'adresse à l'élu de l'Assemblée
« nationale bien plus qu'à ma personne ; elle témoi-

« gne de votre profond attachement à la Républi-
« que.... Si j'ai accepté la lourde charge qui m'était
« confiée par l'Assemblée nationale, c'est pour main-
« tenir et fortifier l'union des républicains comme
« elle a voulu la maintenir et la fortifier elle-même.
« Mes efforts tendront, soyez-en sûrs, à exécuter ce
« programme dont la réalisation importe au plus haut
« degré à la prospérité intérieure de notre pays et à
« sa grandeur au dehors.... Des difficultés passa-
« gères et des agitations superficielles ne sauraient
« empêcher la concorde de régner parmi nous. »

La salle avait entendu ce toast debout, elle le salue par des applaudissements répétés.

Après le banquet, le président rentre chez lui à pied, comme il est venu, sans autre escorte que ses amis du conseil municipal qui l'accompagnent et qui entrent avec lui dans la maison.

La foule s'y précipite, et tandis que le cabinet de travail de M. Loubet s'emplit de Montiliens, qui tous veulent serrer la main à leur « président », dans le vestibule, les officiers d'ordonnance et les agents de surveillance se débattent contre le flot de ceux qui veulent entrer dans l'hospitalière demeure comme ils y sont venus jadis cent fois, toujours accueillis avec bonne grâce par le plus simple et le plus serviable des hommes. Lui cependant s'assied à son bureau, comme jadis ; il est bien chez lui, et tandis que les amis prennent place, il détache une vieille pipe de son râtelier, l'allume et cause ; la fête continue dehors, le président savoure la joie d'être redevenu en apparence ce qu'il était trois mois auparavant.

Il passera la soirée avec sa mère, sa fille et les parents de M⁽ᵐᵉ⁾ Loubet. Le président du conseil, les généraux, le préfet et le maire de Montélimar assisteront cependant au dîner. Impossible de sortir dans la soirée : une tentative pour passer inaperçu est moins réalisable encore que le jour. Montélimar danse la farandole au milieu des applaudissements.

Au matin, la fête reprend, mais M. Loubet ne sort pas avant midi. Il offre à cette heure-là un déjeuner intime aux autorités du département et à la municipalité de Montélimar. A une heure, il part, il embrasse une dernière fois sa vieille mère, car il ne retournera pas rue Quatre-Alliances, et va inaugurer, comme il l'a promis, le vélodrome montilien. Courses, fleurs, musique, acclamations; et puis l'on se disperse; il n'est si belle fête qui ne s'achève. Le président monte en landau et, suivi de toute l'escorte, traverse de nouveau la ville pavoisée, et se rend enfin à la gare, où les adieux du départ s'achèvent en vague mélancolie.

A la même heure, M⁽ᵐᵉ⁾ Loubet mère regagne Marsanne dans sa voiture aux rideaux de cuir, simplement. Elle a vu son fils acclamé, fêté par une population heureuse; elle l'a vu, représentant de la France, entouré de généraux, de ministres, de grands personnages. Elle songe peut-être à l'amertume du calice, aux injures dont elle-même a reçu les éclaboussures au point qu'il a fallu intercepter son courrier pour lui en épargner la lecture, à la terrible responsabilité des heures graves, et de son cœur s'exhale vers le magistrat vénérable qui est son fils, une ardente bénédiction, un de ces souhaits profonds qui conjurent la mauvaise fortune, qui dissipent dans les ténèbres la sourde montée du malheur.

M. Loubet arrivait à Paris le 8 avril à six heures quarante-cinq du matin.

Sur le quai de la gare se trouvaient le garde des sceaux, M. Lebret ; le ministre de l'agriculture, M. Viger ; M. Jules Legrand, sous-secrétaire d'État au ministère de l'intérieur, les officiers de la maison militaire, les hauts fonctionnaires de la ligne P.-L.-M. et divers autres personnages officiels. Le président, après avoir échangé quelques mots avec M. Lebret, se dirige vers la machine et remercie le mécanicien et le chauffeur en leur serrant la main. Il avait dormi pendant qu'ils veillaient pour le conduire ; il le savait ; il ne se considérait pas comme différent de ces hommes, mais seulement comme un citoyen dont la fonction est différente de la leur. Un hasard les mettait à son service, il leur devait l'expression de sa cordiale sympathie. Dans cet acte, rien de calculé. M. Loubet, de sa vie, n'a traité autrement les gens auxquels il avait affaire. Et comme les ministres, après l'avoir salué, se rangeaient autour de lui, M. Paul Loubet s'avança vers le président, le salua, l'embrassa et lui dit : « Bonjour, père ».

Le président de la République se rendait le même

jour, 8 avril, au Trocadéro, où se donnait un festival au bénéfice des victimes de la catastrophe de Lagoubran, près Toulon. Ce malheureux événement est présent encore à toutes les mémoires. A l'entrée de M. Loubet, la salle entière se leva, tandis que la musique jouait la *Marseillaise*.

La même manifestation se reproduisit à quelques jours de là, lorsque M. Loubet alla présider le Concours hippique, dans la galerie des machines. Cette journée est celle de l'année parisienne qui rassemble le public le plus brillant ; c'est la réunion de toutes les élégances. Le monde très aristocratique qu'elle attire était assez mal disposé au fond de l'âme pour l'élu des républicains. Il se montra pourtant très respectueux, demeura debout tant que la musique joua l'hymne national, applaudit le président quand il eut gagné sa place, et lorsqu'il complimenta, selon l'usage, le vainqueur de la course des officiers. M. Loubet n'affectant ni morgue ni familiarité et tout le monde pouvant l'approcher sans obstacle, il vit sa loge s'emplir d'une foule de personnages portant de grands noms dans la haute société française, désireux de lui apporter leurs hommages. Mme Loubet était auprès de lui ce jour-là, ainsi que Mme Soubeyran de Saint-Prix, sa fille, dont la distinction et la grâce charmante furent très remarquées.

Vers ce même temps, le président se rendit un soir à l'Opéra en simple spectateur, comme il le fait toujours. Aucun service d'ordre, aucune haie de gardes municipaux ; mais, comme il entrait dans sa loge, le public l'aperçut, les spectateurs se levèrent et deux salves d'applaudissements furent le cordial salut de la foule élégante au président très simple qui venait partager son plaisir d'art.

Le bal de l'Hôtel de Ville avait lieu le soir même du Concours hippique. Rien de plus différent que l'esprit des deux sortes de public que M. Loubet allait honorer de sa visite. On a beaucoup médit des bals de l'Hôtel de Ville. La légende, qui est volontiers caricaturale, dénature les réalités en les exagérant. Le palais de la ville de Paris voit se presser à ses fêtes cette multitude qui travaille et qui fait la richesse de la cité. A côté des bourgeois très nombreux, fonctionnaires, professeurs, artistes, qui touchent par quelque côté au service de cette colossale raison morale dont le budget dépasse celui d'un petit état, la ville très démocratique invite à ses bals les délégués des syndicats ouvriers, quelques-uns de ses plus humbles serviteurs, les nombreux citoyens qui, dans chaque quartier, remplissent ces fonctions gratuites et lourdes, — sou des écoles, surveillance des cantines scolaires, inspection de bienfaisance, etc., — que de très petites gens acceptent avec un dévouement sans bornes, pour la seule joie de servir la République.

L'ensemble de ce public diffère naturellement beaucoup de celui qui figure aux fêtes du Paris mondain. Les conseillers municipaux y reçoivent leurs hôtes, en citoyens désireux de représenter dignement la ville splendide. Les ambassadeurs ne manquent point de s'y présenter. Tous les grands corps de l'État y viennent saluer l'antique puissance, la tradition, qui tient un rôle si considérable dans notre histoire nationale. Les rois honoraient de leur présence les fêtes de l'Hôtel de Ville parisien, surtout quand ils avaient besoin d'argent. Nos présidents n'ont plus la même raison d'y venir, mais ils en ont de plus puissantes, et aucun d'eux n'y a jamais manqué. L'apparition qu'ils y font est généralement assez brève. Elle suffit pour donner à ces magnifiques soirées une splendeur, un éclat extraordinaires.

M. Loubet assista donc au bal de l'Hôtel de Ville pour la première fois, avec Mme Loubet, qui portait une ravissante toilette de satin blanc. Ils furent reçus par MM. Lucipia, président du conseil municipal ; Thuillier, président du conseil général ; de Selves, préfet de la Seine ; Blanc, préfet de police. Les ministres et le président de la Chambre étaient présents.

Le président et Mme Loubet font leur entrée dans les salons. La *Marseillaise* retentit. Une immense acclamation, un cri formidable de : Vive Loubet ! retentit, suivi d'un autre cri : Vive la République ! Les sonorités des cuivres et le bruit des cymbales en sont un instant couverts. Les murs en vibrent ; les lustres au plafond agitent leurs pendeloques de verre, et de la rue qui bruit, noire de monde, l'écho de ce cri monte encore, s'élève, comme l'immense salut de Paris républicain à celui qui représente la République.

En vérité, peu de manifestations ont eu l'éclat instantané de celle-ci. Elle exprime les aspirations politiques ardentes de citoyens qui avaient frémi de craintes légitimes pour la République, qu'ils aimaient par dessus tout.

Du reste, le président entend se dépenser ; il visite les hôpitaux, il accepte l'invitation de M. Brard, conseiller municipal de la Villette, qui lui offre de venir parmi les terribles électeurs si souvent égarés dans leurs passions politiques, et on l'acclame ; il assiste au bal des écoles supérieures de commerce, et il est l'objet d'une manifestation chaleureuse.

Nous ne faisons pas ici le récit des réceptions et des déplacements officiels. C'est l'homme que nous voulons peindre pour expliquer le président. Il vit depuis son élection sous une grêle d'invectives. Ainsi le veut cette liberté de la presse à laquelle il est attaché malgré tout. Et, tandis que s'amassent des rancunes violentes, il se dépense, il va, il vient, il s'offre à la foule et partout la séduit par la tranquille bonne humeur de son attitude, la simplicité toute naturelle de ses paroles, de ses gestes, de son accueil. Énumérons rapidement les événements où M. Loubet figura, pour arriver au point qui décida de l'avenir politique, non seulement du ministère, mais de la République elle-même.

Le 18 avril, le président de la République recevait, à l'Élysée, à déjeuner, le roi de Suède Oscar II. L'entretien du roi et du président fut d'une cordialité rare.

Oscar II avait prié la veille son hôte de le présenter à Mᵐᵉ Loubet, acte de courtoisie qu'aucun monarque n'avait encore accompli.

Ce souverain eut ainsi l'occasion d'apprécier la rare culture et le caractère élevé de la compagne de M. Loubet, dont la société officielle avait déjà pu connaître les qualités exceptionnelles au cours des réceptions de la place Beauvau et du Petit-Luxembourg.

Quelques jours après, M. Loubet reçut la visite du duc de Connaught, fils de la reine Victoria, et celle du grand-duc Michel de Russie. On vit le 6 mai M. et Mᵐᵉ Loubet assister, sans honneurs officiels, à la première représentation du *Torrent*, de M. Maurice Donnay, à la Comédie-Française. C'est ce soir-là que le président apprit la démission inattendue de M. de Freycinet, ministre de la guerre.

Le 9, il présidait à l'inauguration de l'école Braille, institut de jeunes aveugles, à Saint-Mandé. Il y fut reçu par les conseillers municipaux de Paris, les autorités, les médecins des Quinze-Vingts. Cette visite officielle à une œuvre de haute solidarité sociale valut au président un chaleureux accueil des populations qui le saluèrent au passage. Mais la meilleure journée de cette période, qui va du voyage de Montélimar à l'incident d'Auteuil, ce fut assurément la fête organisée à la Grande-Roue de Paris, par le syndicat de la presse parisienne. C'était une sorte de kermesse, d'ailleurs très gaie, dont le projet a servi à constituer les éléments d'une caisse de secours pour les écrivains malheureux. Le tout fort bien ordonné, mais de manière à ne point laisser de place à l'ennuyeuse majesté des cérémonies officielles. Le président y vint. Il fut reçu par les directeurs des grands journaux parisiens, et M. Jean Dupuy lui souhaita la bienvenue en termes excellents : « Je ne pouvais pas me dérober à votre appel dit, M. Loubet. La presse qui, en tant de circonstances, est venue au secours des misères publiques, pense pour la première fois à elle. Ce n'est pas avec intérêt, c'est avec passion que j'ai suivi le progrès des œuvres de solidarité. Je vous félicite d'avoir enfin pensé aux vôtres, et vous me trouverez toujours prêt, comme aujourd'hui, à participer à vos efforts ». Le président avait offert mille francs au comité. Nos confrères se plurent à le promener parmi les attractions de la fête. Il s'y prêta avec beaucoup de bonne grâce. On l'invita à faire l'ascension de la Grande-Roue ; il monta en wagon. Il applaudit, au concert, MM. Mounet-Sully et Mouliérat, Mlle Gerville-Réache et Mme Daniel Lesueur. Il prit part à la fête comme un bon invité qui veut tout voir ; il causa le plus simplement du monde avec ses hôtes et se retira très satisfait, en les laissant enchantés de sa bienveillance inaltérable. Beaucoup de dévouements dans la presse, et de silences significatifs chez des adversaires fort peu aimables la veille, datent de ce jour-là.

Le voyage de Dijon, qui eut lieu les 20 et 21 mai, fut le premier déplacement officiel du président. En

Remise des Décorations

cette occasion, M. Loubet a prononcé des paroles et, mieux encore, accompli des actes qui ont donné une orientation précise, républicaine suivant la tradition et nouvelle tout à la fois, à la politique de la France.

Nous tenons à les noter en nous abstenant de décrire des fêtes qui furent, à la vérité, splendides, une réception où les Dijonnais et leurs hôtes témoignèrent d'une sympathie extraordinaire pour la personne du président. M. Loubet exécutait la promesse, faite par son prédécesseur, de présider à l'inauguration du monument érigé à la mémoire de Carnot.

La remise d'un certain nombre de décorations aux officiers et sous-officiers de la garnison de Dijon fut l'occasion d'un fait analogue à celui qui avait agréablement étonné les spectateurs de la réception de Valence : M. Loubet donna l'accolade aux sous-officiers admis au rang de légionnaires ou décorés de la médaille militaire.

Au cours des réceptions qui suivirent, il répondit au général Caillard, qui lui présentait les officiers placés sous ses ordres : « Comment ces cœurs ne battraient-ils pas à l'unisson de la nation française ? L'armée est la nation elle-même. Elle sort du peuple et elle y retourne. Elle partage ses espérances les plus nobles, quelquefois, hélas ! ses passions ; comment en serait-il autrement ? Mais elle a le sentiment le plus absolu de son devoir. Elle est profondément attachée à la République... »

On remarqua cette phrase de M. Cunisset-Carnot,

premier président de la cour d'appel : « Tout en restant passionnément épris de la justice, nous ne nous désintéressons point des choses extérieures. Mais, quand nous rendons la justice, nous ne connaissons qu'elle. »

Le temps gêna beaucoup l'inauguration du monument, que le sculpteur Mathurin Moreau avait dressé en l'honneur de l'illustre président qui demeure, pour tous les républicains, le modèle du citoyen probe, correct, parfait dans son rôle et dans sa conduite politique.

M. Loubet avait été pour Carnot, non seulement un premier ministre très loyal, mais un ami sûr. La présence de M. Loubet à cette imposante cérémonie était presque un acte de piété intime, le salut à l'ami des anciens jours, au chef des heures difficiles. Il rappelait lui-même qu'il avait promis à Mme Carnot d'être à Dijon, à titre de simple citoyen, en cette cérémonie qu'il ne se croyait pas appelé à présider.

L'inauguration eut lieu malheureusement sous la pluie, qui n'empêcha point la foule de se masser, jusqu'au bout, autour du monument et des tribunes officielles. Après le discours de M. Ch. Dupuy, le président se leva et offrit aux Dijonnais une surprise qui souleva dans l'assistance, et dans la ville entière, où la nouvelle courut de bouche en bouche, un enthousiasme prodigieux. Il lut lui-même le décret par lequel la ville de Dijon était autorisée à mettre dans ses armes la croix de la Légion d'honneur, en récompense de la défense héroïque de la cité en 1870.

Les acclamations qui accueillirent cette lecture dépassèrent de beaucoup tout ce que les manifestations de ce genre peuvent avoir d'intensité : on avait gardé jusqu'au dernier moment le secret le plus absolu.

Au banquet, offert par la municipalité, M. Loubet renouvela ses félicitations à la noble ville bourguignonne. Les cris de « Vive Loubet ! » ne cessèrent de retentir dans les rues.

Le lendemain, il visita l'hôpital, remit le don accoutumé, reçut dans la cour du lycée les autorités universitaires, les élèves des établissements d'enseignement, les instituteurs du département, et se rendit à la Bourse du commerce, où un dîner de gala l'attendait.

Aux paroles du président de la chambre de commerce dijonnaise, M. Loubet répondit par un discours où, après avoir complimenté ses hôtes de leurs efforts en vue de la prospérité du pays, il ajoutait : « Une nation comme la nôtre doit avoir sans doute un grand souci des idées pures. Elle ne se désintéresserait pas, sans s'amoindrir, des controverses d'ordre théorique ; nous ne voulons pas répudier les traditions d'idéalisme qui ont fait, dans le passé, la grandeur de la France.

« Ce n'est pas seulement sur les champs de bataille, ni dans le domaine des idées, que les nations sont rivales ; la lutte se déplace et se transforme ; elle devient de plus en plus vive sur le terrain économique ; le commerce, l'agriculture, l'industrie donnent lieu à des défaites ou à des victoires, dont nous avons le devoir de nous préoccuper chaque jour davantage.

« Vous en êtes les champions, messieurs... »

Après le banquet, le président assista aux exercices des sociétés de gymnastique et, ce que le programme ne prévoyait point, ce qui n'avait jamais été fait, ce qu'il décida au dernier moment de son plein gré, il alla visiter la bourse du travail de Dijon et recevoir les syndicats ouvriers.

Cette initiative parut un acte de haute sagesse républicaine, un véritable pas en avant fait par la République dirigeante vers cette démocratie ouvrière d'où elle sort, qui la soutient, qui la défend, qui lui donne la force de résister à ses éternels ennemis. M. Boutinon, président du syndicat des ouvriers typographes, salua M. Loubet au nom de ses camarades, et l'assura de leur dévouement inébranlable et de leur confiance absolue en la République :

> Les ouvriers syndiqués fédérés de la Bourse du travail de Dijon sont heureux, dit-il, de profiter de la circonstance pour vous assurer de leur attachement inébranlable et de leur confiance entière en la République. Personnellement, monsieur le président, ils vous remercient du fond du cœur de l'initiative que vous avez prise de mettre les prolétaires en rapport direct avec le premier magistrat de notre chère République. Vous ne voyez, parmi eux, que des amis et des républicains.
> En rendant hommage au digne citoyen qui a été honoré, par le vote de tous les républicains du Parlement, de l'investiture de la magistrature suprême, nous avons la conviction qu'il défendra les institutions qui sont l'honneur et la raison d'être de la République, notamment les lois scolaires qui doivent se perfectionner de plus en plus pour donner à tous l'éducation qui rapproche les individus et les pré-

pare à mieux remplir leurs obligations sociales ; qu'il préservera la République d'un retour vers les idées rétrogrades. Les travailleurs dijonnais sont sincèrement résolus à accorder leur concours au Gouvernement pour le maintien et l'agrandissement du patrimoine de la France, patrimoine de justice, de générosité et de progrès social. Ils comptent sur le gouvernement républicain pour protéger les faibles contre les actes des puissants, pour proposer, défendre et appliquer les lois ouvrières si impatiemment attendues par les salariés.

Le délégué de la bourse du travail de Dijon énuméra ces lois : la proposition Bovier-Lapierre sur les syndicats professionnels ; l'arbitrage obligatoire ; l'application rapide de la loi sur les accidents du travail ; la loi sur l'emploi de la femme et des enfants dans l'industrie, trop souvent éludée par des employeurs puissants, qui escomptent la modération de MM. les Inspecteurs chargés d'en surveiller l'application ; la loi sur les adjudications, la loi sur les prud'hommes, etc.

Le citoyen Boutinon termina en rappelant une parole de M. Tolain, disant que c'est dans les chambres syndicales, patronales et ouvrières, que s'élaboreront bientôt toutes les grandes questions économiques qui intéressent la gloire et la prospérité de nos industries, — et en criant: Vive la République !

Le président de la République répondit en ces termes :

Messieurs,

Ne me remerciez pas d'être venu au milieu de vous, de m'être mis en contact avec les ouvriers de Dijon. C'était mon devoir et c'est mon plaisir. Comment ne serais-je pas heureux de me rencontrer avec des travailleurs qui attendent la réalisation de leurs projets du développement pacifique de nos institutions, et qui font profession d'être avant tout et toujours patriotes et républicains ?

Le Gouvernement met au premier rang de ses préoccupations le souci de vos intérêts. Il connait ses devoirs envers vous ; vous connaissez aussi vos devoirs envers lui et envers la France. Je sais que vous n'êtes pas de ceux qui les oublient. Il n'y a ici que de bons citoyens.

Je considère comme l'honneur de ma vie publique d'avoir été un des promoteurs, puis, quand je suis devenu président du conseil des ministres, un des défenseurs du projet qui est devenu la loi du 27 décembre 1892 sur l'arbitrage en cas de grèves. Cette loi a favorisé l'entente amiable entre les patrons et les ouvriers. Elle a rendu plus facile la solution des désaccords et des malentendus. Elle a consacré un principe qui doit dominer toutes les discussions sociales, inspirer toutes vos revendications, commander toute votre conduite.

Vous avez eu raison de rappeler la profonde parole de Tolain : « C'est dans les chambres syndicales patronales et ouvrières que s'élaboreront bientôt toutes les grandes questions économiques », par quoi cet ami des ouvriers indiquait clairement qu'il fallait chercher, dans l'accord et l'harmonie entre les diverses chambres, les solutions qui s'imposent et les améliorations qui durent.

Vous resterez fidèles à ces idées de concorde, source véritable du progrès et condition nécessaire de la prospérité de la République.

Après avoir serré la main aux présidents des syndicats et remis des médailles d'honneur du travail à un grand nombre de vieux ouvriers, M. Loubet se retira au milieu d'acclamations et de cris où toute une population, connue pour ses opinions très démocratiques, traduisait la reconnaissance de son cœur. Cette visite, très courte, très simple, eut en France et à l'étranger un grand retentissement. On la considérait à juste titre, et c'était bien ce que M. Loubet avait voulu, comme un acte d'alliance entre la République parlementaire, trop longtemps oublieuse de ses origines, et cette démocratie ouvrière des villes, en qui est la réserve profonde des volontés et des dévouements républicains.

C'est à ce trait, mieux qu'à tout autre, que l'on put reconnaître la transformation qui venait de s'opérer dans les esprits. On devait en trouver encore plus d'une fois des indices significatifs, et nous les signalerons au cours de notre récit. Qu'il nous soit permis toutefois d'en exposer les causes morales : La République étant le gouvernement du pays par le suffrage universel, il devait arriver, et il est arrivé en effet, que les masses populaires ont été agitées du désir très légitime et très fervent de faire servir leur vaste et vague pouvoir à l'amélioration de leur sort.

La masse de la nation française est composée de cultivateurs, de paysans, propriétaires, fermiers, ouvriers agricoles. Une importante minorité est vouée au travail industriel. La majorité agricole ne tenait en aucune manière à voir s'opérer une transformation du régime de la propriété ; mais elle escomptait l'appui et le concours de l'Etat pour obtenir une protection douanière étroite.

Les ouvriers, en assez grand nombre, poursuivaient divers plans socialistes qui ne tendaient à rien moins qu'à modifier le mode d'appropriation des outillages productifs. Les socialistes se montrèrent tout d'abord violents, impatients, indisciplinables. Ils proclamaient la nécessité et l'imminence d'une révolution destinée à déposséder quiconque détenait un capital. Même en la supposant acceptable pour le bien général, une transformation, fût-elle partielle, ne pouvait être l'œuvre que d'une lente, longue, profonde évolution.

Les adversaires de la République surent exploiter l'inquiétude que ces meneurs jetaient dans les esprits. On satisfit en partie les aspirations rurales par un programme de défense douanière que l'on réalisa dans la mesure du possible ; et les excès du parti révolutionnaire, ses menaces, ses alliances amenèrent une réaction où l'on vit s'unir dans un intérêt commun, à plusieurs reprises, les éléments modérés du parti républicain et les masses compactes de la réaction.

Cette alliance, accomplie par des hommes dont on n'osait suspecter les opinions et la loyauté, ne réussit pas à ses auteurs ; mais, comme elle donnait pâture aux avidités éveillées des partis déchus, elle leur fournit un terrain d'union, elle leur donna du cœur à reprendre la besogne de lutte interrompue par vingt ans de République triomphante.

Or, à sentir les institutions menacées comme elles l'étaient, la grande majorité des socialistes qui comptait, avec la foule des ouvriers, nombre de lettrés, d'universitaires, de parlementaires, s'assagit, se rallia au gros du parti républicain pour la défense commune, se résigna à attendre d'une propagande active les conditions de sa victoire, et résolut d'oublier toutes les divisions de la veille pour faire simplement face au péril dont les conséquences de l'Affaire avaient révélé l'étendue.

C'est de là que sortit le merveilleux élan qui réunit, le 18 février, à Versailles, toutes les voix des radicaux avancés, des socialistes les plus impatients, à celles des républicains, dont quelques-uns étaient fort étonnés de recevoir une pareille leçon de solidarité et d'abnégation.

Mais la République a beau se concevoir comme un pur régime de légalité stricte ; elle est aussi une constante aspiration vers une justice sociale supérieure, et, bon gré mal gré, elle est contrainte de faire sa part au courant d'idées d'où le socialisme est issu. La critique sociale moderne n'a pas laissé grand chose debout des principes sur lesquels reposait la philosophie politique d'autrefois.

Des besoins nouveaux se sont révélés comme s'est constituée une très nouvelle forme de la production. Il a fallu trouver et créer une législation du travail dont les articles, codifiés récemment, apportaient un chaos, tant la hâte et l'incertitude furent grandes à les formuler. Si bien que l'on ne peut concevoir la République dépourvue de cette parcelle d'esprit socialiste dont on peut dire qu'elle est comme le fer dans le sang humain, d'une vertu toute-puissante et d'une dose très faible, si on la compare. Peut-être tant de maux étaient-ils causés par son absence complète.

Les événements s'étaient chargés de la rétablir. Un puissant courant d'idées et de tendances venait d'entraîner très loin un grand nombre d'intelligences. Et, sous le coup des ébranlements extraordinaires dont la conscience française était menacée, fatalement, la République aiguillait sinon vers le socialisme tel qu'on le conçoit, du moins vers une série de solutions pratiques que les croyants de la doctrine évolutionniste considèrent comme d'indispensables étapes.

Et puis, il faut bien le dire, tandis que la masse rurale de la nation n'avait pas encore manifesté — elle le fit plus tard, et avec une grande solennité — sa réprobation des menées césariennes et cléricales, toutes également redoutables pour la tradition de 1789, les organisations ouvrières montraient hautement leur dessein de résister, de défendre la République, à qui elles reprochaient de prétendus abandons, mais qui leur apparaissait comme l'instrument de tous les progrès. Et leur loyalisme, devenant la suprême garantie, ouvrait les yeux des plus hostiles et méritait la sympathie des démocrates de toute opinion sociale.

Le président de la République obéissait ainsi aux mouvements les plus nobles de son cœur, il payait la dette de reconnaissance du parti républicain tout entier, en donnant la plus belle marque d'estime et de sympathie à ces syndicats ouvriers dont les applaudissements et les acclamations répondaient d'ailleurs à la cordialité de cette démarche sans précédent.

La visite à la Bourse du travail clôtura la série des fêtes de Dijon, et c'est en quittant les syndicats que M. Loubet reprit le train pour Paris.

Le 23 mai, le président de la République et Mme Loubet inauguraient l'exposition annuelle d'horticulture, aux Tuileries. Ils y furent salués respectueusement par les assistants. M. Loubet recevait le même jour à l'Elysée le commandant Marchand auquel il exprima l'admiration que toute la France ressentait pour la merveilleuse audace de son expédition d'un bout à l'autre de l'Afrique.

Cependant les polémiques violentes continuaient. Une inquiétude extrême pesait sur le pays : le président était l'objet d'une campagne de presse dont chaque incident augmentait les fureurs. Le 6 mai, M. de Freycinet, ministre de la guerre, avait donné sa démission, et il avait été remplacé par M. Krantz. La Cour de cassation, toutes chambres réunies, allait rendre son arrêt dans la cause Dreyfus. Les événements se chargeaient de démontrer que les inquiétudes des républicains n'étaient pas vaines.

CHAPITRE TROISIÈME

—

Au moment même où la Cour de cassation siégeait dans l'appareil très solennel qui fit une si haute impression sur tous ceux qui assistèrent à ses séances publiques, dans une partie du palais toute voisine, la Cour d'assises de la Seine jugeait MM. Déroulède et Marcel Habert accusés à la suite de la tentative d'émeute du 23 février.

L'attention du public était tournée toute entière vers cette salle Dauphine où les témoins, les journalistes, les curieux s'entassaient, amenés là par les deux grands procès, dont l'un, heureusement pour la paix publique, fit tort à l'autre. Car l'attention fut détournée pour une bonne part du spectacle inouï que donnait alors le prétoire de la Cour d'assises. Les accusés avaient fait citer un grand nombre de témoins. La salle était pour eux pleine d'amis.

Dès le début de l'interrogatoire, que dirigeait M. le président Tardif, le chef de la ligue des patriotes prit la parole et prononça, parmi les applaudissements de l'assemblée, triée sur le volet, un discours véhément qui était bien moins un plaidoyer qu'un réquisitoire dont la République parlementaire et ses gouvernants firent les frais. L'accusé était dans son droit ; il le dépassa de beaucoup quand il dit, avec d'apparentes restrictions de langage qui semblaient donner à ses paroles une portée plus grande encore, comment la nomination de M. Loubet avait soulevé son cœur de patriote, comment elle l'avait indigné. M. le président Tardif le rappela à l'ordre, mais il ne put empêcher que l'accusé ne donnât à sa défense le tour d'un appel à la haine, qu'il ne soulignât à la barre les injures et accusations dont les journaux antisémites et nationalistes débordaient ; de sorte que M. Déroulède, que nul ne contredisait, se posa devant la naïve bonne foi des jurés en paladin de l'honnêteté publique et des droits populaires méconnus, et la personne du président fit les frais de cette apothéose facile.

En d'autres circonstances, et dans un autre milieu, un pareil discours eût été sans effet et ridicule. Il fit une réelle impression à ce banc des accusés où le jury, décontenancé, vit un homme politique se dresser à la place de ses justiciables accoutumés, dans l'immobilité de cette salle basse, étroite, parmi les figurations de justice, et sous la poussée des applaudissements qui accueillaient la chute des périodes sonores.

M. Déroulède terminait par ces mots significatifs :

« Ah ! l'on ne veut pas débarrasser la France du parlementarisme ! Eh bien ! nous, les plébiscitaires, nous ferons tout pour nous en débarrasser ; c'est pourquoi j'ai crié au général : Sauvez la France ! sauvez la République ! Que votre acte soit un 4 septembre militaire sans effusion de sang ! ... L'idée fera son chemin ; elle reprendra sa marche et rien ne pourra l'arrêter. Quelqu'un mettra de nouveau la main sur la bride dorée du cheval d'un général et réussira là où j'ai échoué. C'est là que sera le salut pour la République et pour la France. Et ce que vous entendrez par la suite, dépositions, déclarations de témoins, etc., rien ne modifiera ma pensée, ni pour l'avenir ne changera mes actes. » C'est à grand peine que M⁰ Falateuf put obtenir le silence de la salle exaltée « dans l'intérêt des accusés. »

M. Marcel Habert lut un écrit fort long. Le lendemain eut lieu la déposition des témoins de l'accusation et de la défense. D'ensemble, les témoins du fait, M. le général Roget, ses officiers, les sous-officiers, les soldats, ne surent rien. Ils avaient à peine entendu, très peu vu, pas du tout compris ce qui s'accomplissait entre la place de la Nation et la cour de la caserne de Reuilly. Seul M. Déroulède s'accusait.

Le défilé des témoins de la défense fut une apothéose de théâtre où M. Déroulède figura parmi les nuages. M. Coppée dit cette phrase : « En arrêtant par la bride le cheval d'un général, il a poussé ce cri que moi, religieux, je dis dans toutes mes prières : « Sauvez la France ! » M. Lasies jura que l'accusé entendait « nous arracher à la plus hideuse de toutes les noblesses, celle de l'argent, et se targua d'avoir été à ses côtés dans l'aventure. »

Le général Hervé, inspecteur d'armée, se montra fort émouvant; il raconta une anecdote patriotique des plus intéressantes et termina en suppliant les jurés de ne pas briser un clairon sur lequel il comptait pour le jour où nous aurions à marcher vers la frontière. D'autres officiers généraux firent de semblables dépositions.

Mais le « clou » de cette pièce, digne d'un beau succès par l'habileté de sa composition, ce fut le témoignage de M. Quesnay de Beaurepaire, celui là même qui, après avoir écrit le matin de l'élection de Versailles l'article que l'on sait, venait de publier un pamphlet qui d'ailleurs ne provoqua dans le public aucune émotion : « Quand j'ai vu M. Loubet devenir le chef de ma patrie, dit l'ancien procureur général, j'ai pris la résolution d'éclairer le pays sur son indignité. » Et longuement, pesant ses mots, dans le silence du magistrat qui occupait ce siège du ministère public où lui-même avait si longtemps requis l'application de la loi, M. Quesnay de Beaurepaire refit dans leur ensemble l'histoire des événements de 1892. Son témoignage, son discours, qu'il prononça debout, son chapeau à la main, avec l'habileté d'une longue habitude, s'acheva sur ces mots :

L'ENTRÉE A MONTÉLIMAR LE 6 AVRIL 1899

« Les accusés sont coupables d'être des hommes à une époque où l'on vilipende tout ce qui va vers un idéal de grandeur. Je m'incline donc avec respect devant MM. Déroulède et Marcel Habert. »

Après un long défilé de personnalités venant rendre hommage au patriotisme, à la loyauté de M. Déroulède, l'audience fut suspendue et M⁰ Falateuf, avocat, prononça sa plaidoirie qui fut du reste une longue conférence dont la République parlementaire fit les frais.

Le lendemain, M. Lombard prononçait son réquisitoire ; le jury, surchauffé par l'ambiance du milieu que l'on avait créé, acquittait les accusés le soir même. M. Déroulède s'était écrié avant que les débats prissent fin : « Acquittez-moi, messieurs, je vous promets, je vous jure de recommencer ». « Aussitôt, dit le chroniqueur du *Temps*, éclate une formidable acclamation. Les assistants escaladent les bancs, montent sur les tables, pour se rapprocher de MM. Paul Déroulède et Marcel Habert. Des dames en élégantes toilettes franchissent la balustrade. Au milieu des cris de : « Vive Déroulède ! Vive Habert ! Vive l'armée ! » on entend les premières notes de la Marseillaise. »

La sortie du palais est tumultueuse. Aucun incident grave ne se produit d'ailleurs. Au passage des accusés venant de la Conciergerie, trois cents ligueurs, massés sur la place du Châtelet, les accueillent par des acclamations. Une manifestation se produit plus tard devant le local de la Ligue des patriotes, rue des Petits-

Champs. Et le soir, les amis des acquittés et deux mille curieux assistaient, au quartier Saint-Antoine, à une réunion dans laquelle les orateurs adressaient au président de la République les pires outrages.

Le chroniqueur du *Temps*, dont nous suivons les récits, observe, et il faut noter le fait, pour le rapprocher de ce qui va venir, que, dans l'auditoire, sur l'estrade et parmi la foule compacte qui remplit l'immense salle du manège Saint-Paul, « on remarque des personnalités parsemées que l'on n'a pas l'habitude de voir aux réunions populaires : Mme Gyp, le comte de Dion, M. Paulmier, député, etc. » M. Déroulède proclame dans son discours que le bulletin de vote par lequel le peuple élira directement son président sera l'instrument de sa libération ; d'autant que si ce résultat n'est pas atteint, « le carré de papier peut servir encore de bourre dans les canons de fusils ». Les mesures d'ordre à la sortie furent assez bien prises pour rendre tout incident impossible.

Ces incidents eurent leur répercussion immédiate parmi les groupes républicains de la Chambre et du Sénat, qui se réunirent d'urgence, et envoyèrent une délégation au président du conseil.

Tout cela se passait le 1er juin, sous une pluie d'invectives et d'appels à la révolution, partie de plusieurs journaux. La cour de cassation rendait, le 3 juin, son arrêt, ordonnant la revision du procès Dreyfus.

Le 4 eut lieu cet événement, sans importance quant aux faits eux-mêmes, mais énorme, comme indication d'un état d'esprit, que l'on a nommé l'incident d'Auteuil. Il marque le dernier et ridicule assaut d'un parti qui, depuis lors, a été vaincu, refoulé, réduit à néant, au grand bénéfice de la paix sociale.

Le président de la République avait été, selon la coutume, invité par la société des steeple-chases à présider la journée sportive d'Auteuil, le dimanche 4 juin. M. Loubet avait quitté l'Élysée à deux heures vingt. Il avait dans sa voiture, le président du conseil et le général Bailloud, secrétaire général de la présidence. Dans un landau, qui suivait celui du président, avaient pris place Mme Loubet, Mme Combarieu, M. Combarieu, chef du cabinet civil, et un officier d'ordonnance. Une troisième voiture, dans laquelle se trouvaient M. Paul Loubet, un officier et deux dames, complétait le cortège présidentiel. Le préfet de police et son chef de cabinet, dans une voiture attelée de deux bons chevaux, tenaient la tête.

Quelques journaux nationalistes avaient, le matin même, publié des articles d'une extrême violence contre M. Loubet, et annoncé, en termes assez clairs, qu'une manifestation se produirait à l'occasion du grand steeple.

Sur le parcours, rien d'anormal. Peu de curieux avenue Marigny. La foule était assez grande sous les arbres des Champs-Élysées, au rond-point de l'Étoile, dans l'avenue du Bois. Là, tout le monde se lève sur le passage du président et chacun se découvre. L'avenue du Bois est sillonné de voitures, dont quelques-unes, qui se rendent à la fête des fleurs, sont enguirlandées. Le président recueille de nombreux saluts, et y répond avec bonne grâce. Dans la traversée du Bois, pas d'incidents. Les cavaliers, qui étaient autrefois, sous la présidence de M. Félix Faure, échelonnés le long des routes et groupés aux carrefours, sont absents. On a déféré au désir manifesté par M. Émile Loubet, de limiter au strict nécessaire les mesures de précaution.

Aux abords du champ de courses, une cinquantaine d'individus crient, au passage du président : « Vive Déroulède ! Vive l'armée ! » D'autres cris répondent : « Vive Loubet ! Vive la République ! » Puis tout s'apaise, et les voitures entrent sur la pelouse du pesage. Il faisait un temps splendide. Le grand steeple d'Auteuil est une solennité sportive qui a conquis la célébrité du grand-prix de Longchamps.

Au pesage, la cohue est énorme. Il n'y a pas une place inoccupée dans les tribunes qui encadrent la tribune officielle ; femmes élégantes, merveilleuses toilettes de printemps, officiers en uniforme, hommes de course et de cercles, personnalités parisiennes du monde où l'on s'agite.

Les ministres, les membres de la société des steeples reçoivent le président. M. de la Haye-Jousselin donne le bras à Mme Loubet, pour la conduire à sa place.

C'est alors que commence la manifestation. Aux cris de « Vive l'armée ! » se mêlent bientôt les cris de « Démission ! Vive Déroulède ! Panama ! » La discipline règne parmi les insulteurs du président de la République. Ils occupent, d'ailleurs, les meilleures places autour de la tribune. Leurs positions de combat sont prises. Presque tous portent un œillet blanc à la boutonnière. C'est la jeunesse royaliste des cercles et des cabinets particuliers qui va traduire en actes les ivresses qu'elle a rapportées de la cour d'assises.

M. Loubet ne broncha pas. Il gardait le même sourire et, parvenu au centre de la tribune d'honneur, il salua du côté de ceux qui, peu à peu et de plus en plus haut, ripostaient aux outrages par les cris de « Vive Loubet ! » Les tribunes voisines protestaient, le tumulte grandissait. Mais la pelouse, séparée des tribunes par un espace considérable, était pleine d'une foule populaire immense qui, pas un instant, ne s'aperçut de ce qui se passait.

Au milieu de ces vociférations, mêlées de sifflets et des protestations que les tribunes, surprises, commençaient à faire entendre, M. Loubet s'avança jusqu'à sa place, s'assit, ayant à sa droite Mme Loubet, très pâle ; à sa gauche, Mme la comtesse Tornielli, femme de l'ambassadeur d'Italie. A la droite de Mme Loubet était assise Mme Léon y Castillo, femme de l'ambassadeur d'Espagne. Mme Charles Dupuy, Mme Fallières, Mme Delcassé et Mme Delombre étaient assises au même rang des fauteuils. De sorte que le président de la République était le seul homme qui fût à ce premier rang.

Les autres personnes entrées dans la tribune, les ambassadeurs d'Espagne, d'Italie et de Turquie, les présidents du Sénat et de la Chambre des députés, le président du conseil, les ministres, Mme Lockroy, le général et Mme Brugère, le général Zurlinden, gouverneur militaire de Paris, le général et Mme Duchesne, le général et Mme Bailloud, MM. Paul Loubet et Henry Poulet, M. Crozier, directeur du protocole, étaient toutes debout.

Dans le tumulte du pesage, les directeurs de la société des courses ne savaient où donner de la tête. Les opérations préliminaires ne finissaient point. Les cris devenaient plus violents, l'agitation extrême, la police ne faisait pas un mouvement. Très ferme, Mme Loubet regardait la foule, la tête droite. M. Loubet, calme comme si les choses s'étaient passées le plus simplement du monde, s'efforçait de la rassurer, ce qui n'était point nécessaire, car nulle volonté n'était plus fortement tendue vers la résolution de se montrer impassible.

Soudain, du groupe le plus exalté parmi les manifestants, un homme se détache, un gentleman, mis avec une extrême recherche, sportsman connu sur le turf, le baron Christiani. Il s'élance sur l'escalier de la tribune ; les soldats, placés sur la première marche, ne songent pas à l'arrêter. Il arrive jusqu'en haut, la canne levée, criant et s'agitant. M. Crozier et le général Brugère aperçoivent ce geste, se précipitent devant le président de la République à l'instant où le forcené abattait sa canne sur sa tête. Le général Brugère est frappé au bras. La canne effleure le chapeau du président, au moment même où la comtesse Tornielli se penchait vers M. Loubet pour lui signaler le danger.

Toutes les dames s'étaient levées, en proie à une émotion très vive. M. Touny, chef de la police municipale, à la tête de quelques hommes de ses brigades, monte les degrés au pas de course ; ils se saisissent du baron Christiani, que quelques invités tenaient par la cravate et qui essayait de se défendre. Ils l'entraînent parmi les clameurs de la foule.

Dans la tribune, on s'empressait auprès de M. Loubet, qui recevait les compliments des ambassadeurs, des ministres et des généraux ; il était parfaitement calme ; son visage n'avait point pâli ; pas un nuage dans ses yeux.

La comtesse Tornielli rapporta elle-même à un journaliste les propos échangés à ce moment-là :

« — Tout cela, lui dit le président, ne m'empêchera point de rester ici pour le grand steeple et pour la course suivante. »

Et s'adressant à l'ambassadrice d'Italie :

« — Et vous, madame, resterez-vous aussi ? »

La comtesse répondit, en souriant, ces simples mots :

« — Certainement, monsieur le président ; ne suis-je pas à une place d'honneur. »

L'attentat donnait à la manifestation une signification et une portée qui obligeaient la police à agir. Le président du conseil et le préfet de police donnaient des ordres formels. Les chefs donnent de leur personne. On voit le directeur de la police municipale, et M. Grillière, officier de paix, s'élancer, les poings en avant. Une bagarre terrible s'engage. M. Touny est blessé à la main et d'une manière si douloureuse qu'il est contraint de recevoir les soins d'un médecin dans la tribune présidentielle. M. Grillière reçoit sur la tête un coup de canne plombée qui l'abat sur le sol et il est transporté à l'ambulance.

Les agents, débordés, font leur devoir et, en dépit des résistances et des assauts du dehors, le commissariat provisoire, installé, comme toujours, au champ de courses, reçoit cent vingt prisonniers. Presque tous les meneurs sont arrêtés.

Cependant, les commissaires des courses vont présenter à M. Loubet leurs excuses et l'expression de leurs regrets :

« — Messieurs, leur dit le président, vous n'êtes nullement responsables de ce qui se passe et je ne puis vous en vouloir un seul instant. Pour le prouver, j'ajoute que si vous aviez des courses demain, j'y viendrais depuis la première course jusqu'à la dernière.

Je suis invité, dimanche prochain, au Grand-Prix, et j'y assisterai, soyez-en sûrs. »

Cependant, la foule de la pelouse commence à comprendre qu'il se passe quelque chose. Le général Zurlinden a fait mander des cavaliers, que l'on voit arriver au trot. Les curieux se massent devant les barrières et acclament le président de la République.

Au pesage, le calme se rétablit ; la police a le dessus ; les manifestants, las ou honteux, se taisent. On crie « Vive Loubet ! » dans les tribunes, et le président monte dans son landau, avec le président du conseil et le général Bailloud. Les ministres, les membres du corps diplomatique, les représentants de la presse saluent le président avec respect. Il leur répond par des signes de tête affectueux. L'escorte s'ébranle et partout, jusqu'à l'Élysée, les curieux, massés en foule sur tous les points du parcours et qui ignorent l'incident, s'inclinent au passage du premier magistrat de la République.

A l'Élysée, une erreur insignifiante de l'escorte occasionne quelques secondes de retard, dont les curieux profitent pour acclamer M. Loubet Le président met pied à terre devant le perron et attend que sa famille, et ceux qui l'accompagnent, soient tous descendus pour entrer dans le palais.

Presque aussitôt après, M. Fallières, président du Sénat, M. Deschanel, président de la Chambre, et les ministres viennent apporter au président de la République les témoignages de leur sympathie.

Pendant que les auteurs de la scène scandaleuse d'Auteuil sablent le champagne et mangent des sandwiches, en attendant de gagner le dépôt en voitures cellulaires, la nouvelle de l'odieux attentat se répand dans Paris et soulève en tous les esprits un mouvement formidable de réprobation.

Tant que les menées césariennes et nationalistes se

sont présentées sous la forme de provocations au peuple, et tant que des hommes plus habiles qu'illuminés ont offert aux foules, à la place du présent, toujours condamné, le mirage d'une République aussi merveilleuse que mal formulée, le peuple a laissé faire sans trop savoir.

L'habitude d'une liberté illimitée de la presse et de l'abus qui en est fait émousse aux mains des méchants les armes les plus dangereuses, parce qu'elle a blasé les imaginations sur la valeur des injures et des accusations qui tombent chaque jour à flot sur les têtes les plus vénérables.

Tout cela est du bruit, du vent, de la fumée, et volontiers la multitude des travailleurs en rit. Que, d'autre part, on lui parle du péril que court la République, elle rit encore ou passe, sans y croire. Elle n'a vraiment pas le temps de comparer, de juger, d'apprécier la valeur des faits. Il faut, pour qu'elle en soit frappée, que le danger se précise en un acte brutal, dramatique, dont les personnages soient justement ceux qu'elle attend dans ces rôles.

A ce point de vue, l'incident d'Auteuil était saisissant. Cette fois, on ne pouvait plus douter du but ni de la cause. Ces hommes qui, pendant une heure, avaient insulté devant les ambassadeurs, à la tribune où il était assis, entouré de femmes distinguées, le représentant de la France parmi les nations, étaient justement du même monde que ceux dont, à tort ou à raison, mais avec la force d'une antipathie extrême, le

peuple avait signalé le rôle étrange dans l'incendie
du Bazar de la charité. C'étaient les « chevaliers du
gardénia », les oisifs, les fatigués, les successeurs et
les descendants des muscadins, des gandins, des élégants de l'empire.

Ils représentaient au pesage d'Auteuil, eux les
habitués du turf, ce que le peuple en action
déteste peut-être le plus au monde : les traditions
d'un passé aboli, des rancunes vieilles d'un siècle et
que l'on croyait passées avec la couleur des cocardes
blanches, des souvenirs dont il serait absurde de nier
la grandeur, mais qui nous ont laissé aux lèvres une
rancœur irrésistible, et, dans ces souvenirs, la part qui
nous est justement odieuse, le passé monarchique,
nobiliaire, à jamais mort, mais mouvant et terrifiant
comme un spectre. Ceux qui ne voulaient point croire
eurent une émotion profonde. On comprit où l'on
allait.

Les furieuses attaques dirigées contre le président
de la République parurent ce qu'elles n'avaient point
cessé d'être : un artifice terrible et puéril à la fois pour
venir à bout de ce régime républicain victorieux de
tant d'assauts.

Dès le premier moment, la révolte de l'esprit républicain fut si forte que les modérés les plus sincères
purent craindre qu'elle ne dépassât la mesure. Il n'y
a rien qui révèle si bien la force de ce mouvement
que les articles des journaux républicains connus pour
leurs opinions conservatrices : l'un d'eux écrivait :

« Qui sait si un absurde projet d'impôt sur le revenu, venant à la Chambre aujourd'hui, n'aurait pas quelque chance d'être voté...? Nous supplions nos amis les républicains de ne pas se laisser entraîner à des mesures excessives. » Il est impossible de rendre plus nettement l'effet de cette subite réaction.

Cette soirée du 4 juin 1899, où Paris apprit l'abominable équipée, où le télégraphe l'annonça à toute la France, fut la fin d'une illusion. Jusqu'à ce jour-là, faute d'élections, faute d'entente des républicains, faute que l'on entendît au milieu du tumulte la voix du peuple vrai, du peuple qui travaille, attend et se confie dans sa République, le bruit que faisaient dans la presse, dans la rue et dans le prétoire, à la Chambre même, les agités et leurs bandes avait tout dominé. Si bien que l'apparence d'une aberration populaire était assez forte pour donner le change, pour inquiéter les meilleurs esprits.

Mais au soir de l'attentat, le vrai peuple, innombrable et tout puissant, qui ne figure nulle part en masse dans les spectacles de la vie publique, se fit entendre et toute rumeur se tut devant sa voix.

Alors on vit de toutes parts les assemblées de divers ordres, les sociétés, les groupes, les syndicats, les communes rurales, les conseils municipaux des villes, et les plus lointains villages, comme les faubourgs les plus violents, élever une protestation subite devant laquelle la presse hostile elle-même n'osa plus rien. Il y eut un sursaut de vie républicaine si rapide, une si formidable poussée du vieil esprit démocratique, qu'en effet, les républicains de toutes nuances redoutèrent de terribles représailles.

Dès la première heure, les registres déposés chez le concierge de l'Élysée se couvraient de signatures innombrables. Après les ambassadeurs, les personnages politiques, les étrangers de marque, qui se faisaient un devoir de présenter à M. Loubet l'expression de leur profond respect, de simples citoyens en foule se pressaient aux portes pour s'inscrire. Mais ce n'était là en quelque manière qu'un côté officiel et restreint de la protestation.

Pour obéir à l'élan de l'opinion, dès le lendemain lundi, le conseil des ministres prenait des résolutions exceptionnelles, celle entre autres de déférer M. le président des assises Tardif au conseil supérieur de la magistrature, et de relever de ses fonctions M. Lombard, avocat général, à cause de leur faiblesse dans le procès Déroulède, qui avait si évidemment donné le ton aux acteurs des scènes récentes. Des cercles étaient fermés par autorité administrative, des perquisitions étaient ordonnées, des sanctions allaient être demandées pour les actes dont la Cour de cassation avait fait état dans son arrêt.

A la Chambre, les députés modérés, radicaux et socialistes signaient une adresse collective à M. Loubet : « Les députés soussignés, disaient-ils, adressent à M. le président de la République l'expression de leur respectueuse sympathie et de leur absolu dévoûment aux institutions républicaines. » Les promoteurs de cette adresse étaient MM. Poincaré, républicain, Doumergue, radical, et Viviani, socialiste. La séance fut une des plus tumultueuses dont il est possible de se souvenir. M. de Largentaye, député monarchiste des Côtes-du-Nord, réédita, devant l'assemblée debout, exaspérée, les outrages adressés, la veille, à M. Loubet, et la censure avec exclusion temporaire fut votée contre lui à une énorme majorité. A la contre-épreuve, la droite seule se leva ; et comme le député des vieux pays chouans protestait dans le tumulte, la gauche entière et le centre, debout, saluaient la proclamation du vote par les cris prolongés de « Vive la République ! Vive Loubet ! ».

Au Sénat, en ouvrant la séance, M. Fallières, président, prononçait l'allocution suivante : « Le scandale « qui s'est produit avant-hier aux courses d'Auteuil et « les manifestations factieuses qui en ont marqué le « caractère ont pu surprendre le pays ; mais rien « n'ébranlera sa confiance dans l'avenir de la Répu- « blique. Je crois répondre au sentiment du Sénat en « adressant à M. le président de la République l'hom- « mage respectueux de nos chaleureuses sympathies « et en lui donnant l'assurance qu'il peut compter sur « le concours d'une assemblée qui a toujours mis au « premier rang de ses devoirs la défense de nos insti- « tutions. » *(Applaudissements répétés. Cris nombreux de :* « *Vive Loubet !* »*)* M. Guyot, au nom des groupes républicains, présentait l'ordre du jour suivant :

« Le Sénat, s'associant aux sentiments exprimés par
« son président, et flétrissant les actes inqualifiables
« commis à Auteuil par les ennemis de la République,
« passe à l'ordre du jour. » Cette motion fut votée par
tous les républicains du Sénat, sans exception.

A la même heure, au conseil municipal de Paris,
des questions, relatives au scandale de la veille, étaient
adressées au préfet de police.

Ainsi l'odieuse équipée n'avait servi qu'à démontrer
la respectueuse affection dont M. Loubet est entouré
parmi les républicains. Le conseil municipal, qui
représente Paris, et la Chambre des députés, qui
représente la France, exprimaient à la même heure la
même indignation contre les manifestants d'Auteuil,
et la même respectueuse sympathie envers le président : « J'espère, disait M. Bellan, en faisant allusion
aux mesures de précaution qui s'imposent, même en
dépit des répugnances personnelles de M. Loubet,
j'espère que vous ferez comprendre au président que
son élection, par l'union de tous les républicains, l'a
fait nôtre. » Ces affectueuses paroles exprimaient le
sentiment de tous les cœurs.

Le conseil municipal de Lyon votait, à l'unanimité,
l'adresse suivante :

Le conseil municipal de Lyon adresse à M. Loubet, président de la
République, l'expression de son respectueux et inaltérable dévouement. Il proteste énergiquement contre les scandales occasionnés, sur
le champ de courses d'Auteuil, par les ennemis de nos institutions
républicaines, et il demande que des mesures très énergiques soient
prises par le Gouvernement pour éviter le retour de ces manifestations factieuses.

Le maire de Marseille adressait à M. Loubet le télégramme suivant :

« Je me joins à tous les républicains dans le hautain
« mépris que leur inspire la grossière manifestation
« d'Auteuil. Nous avons foi plus que jamais dans
« votre droiture énergique pour défendre le régime
« républicain, le seul qui permettra et favorisera
« l'évolution sociale vers l'immanente justice et l'éga-
« lité effective entre les hommes. »

Les maires de tous les arrondissements de Paris se réunissaient pour voter une adresse, par laquelle ils offraient à M. Loubet l'expression de leur respect et de leur dévouement.

La délégation française au congrès de la Haye adressait ce télégramme à M. Loubet : « La délégation fran-
« çaise à la conférence de la Haye tient à s'associer
« aux manifestations qui, de toutes parts, vous expri-
« ment la respectueuse sympathie du pays et sa con-
« fiance dans votre énergie pour la défense de la
« République. »

« *Signé* : Bourgeois, Bihourd, d'Estournelles, géné-
« ral Mounier, amiral Pephau, Renault. »

Le conseil municipal de Toulon votait un ordre du jour ainsi conçu : « Le conseil municipal de Toulon,
« profondément attaché à la République, s'élève con-
« tre la manifestation inqualifiable dont a été victime
« le président de la République, et lui envoie l'expres-
« sion de sa sympathie et de son respectueux dévoû-
« ment. »

Les Arcs de Triomphe.

Il faudrait — ces sentiments étant bornés dans leurs expressions — répéter à l'infini de telles formules pour citer l'un après l'autre les ordres du jour où s'exprimaient l'indignation des républicains et la réprobation soulevée dans tout le pays par le scandale d'Auteuil.

Les journaux en ont donné plusieurs qui sont caractéristiques par leur forme ou par la personnalité de ceux qui les rédigeaient ; tel le télégramme de M. Magnaud, le célèbre président du tribunal de Château-Thierry :
« Tous les magistrats composant le tribunal de Châ-
« teau-Thierry envoient à M. le président de la Répu-
« blique l'expression de leur respect et de leur indi-
« gnation.» L'adresse des Bleus de Bretagne, la vaillante association qui s'efforce d'arracher la vieille terre des chouans à la séculaire torpeur où elle est ensevelie ; celle du comité catholique pour la Défense du droit ; celle de la ligue des Droits de l'homme ; celle du Grand-Orient de France, présidé par M. Lucipia :
« Justement ému des manifestations séditieuses qui se
« sont produites à Auteuil, le 4 juin, contre la personne
« du premier magistrat de la République, et considé-
« rant comme un devoir civique et patriotique d'oppo-
« ser à de tels attentats la protestation indignée de
« tous les loyaux républicains... » Et puis c'étaient encore les adresses des conseils municipaux d'Agen, de Morlaix, de Fontainebleau, etc., etc., de toutes les sociétés républicaines de France, en attendant la grande, la puissante manifestation du peuple de Paris

qui allait, de ses millions de voix, montrer hautement les véritables sentiments dont il était animé et les formuler si fort que les bandes gagées des plébiscitaires, nationalistes et partisans des vieux régimes morts fussent à jamais obligés de rentrer dans l'ombre.

Lyon avait commencé. Le 5 et le 6 juin, des masses de canuts, descendus de la Croix-Rousse, parcouraient la rue de la République en si grand nombre, qu'aucun cortège ne pouvait se former, et les cris de « Vive Loubet ! » emplissaient de rumeurs, la grande ville à l'ordinaire si calme. A Bordeaux, la jeunesse royaliste ayant tenté une manifestation hostile, de terribles bagarres eurent lieu, et la foule malmena fort les œillets blancs de la vieille cité aristocratique.

Pour Paris, c'est M⁽ᵐᵉ⁾ Loubet qui recueillit la première les témoignages chaleureux de la sympathie populaire. Elle visitait, le 6 juin, la crèche du 19ᵉ arrondissement, à Belleville. Nous ne rappellerons point ici de quelle sollicitude la femme du président de la République, mère de famille accomplie, entoure les œuvres d'assistance qui intéressent les femmes et les enfants. Accueillie par la foule des femmes d'ouvriers de ce quartier populaire, Mᵐᵉ Loubet reçut les remerciements de MM. Charles Bos et Clovis Hugues, députés, et de MM. Rozier, délégué du Conseil municipal, et Brard, conseiller du quartier. Après avoir parcouru les différentes salles de la crèche, aménagées pour recevoir vingt-sept lits et quatre berceaux, Mᵐᵉ Loubet signa, dans le cabinet de la directrice, le procès-verbal d'inauguration et versa deux cents francs pour l'œuvre nouvelle. De nombreux bouquets lui furent offerts. Et au dehors la foule massée l'acclama avec un véritable enthousiasme ; des voix innombrables criaient : Vive Loubet! Vive la République ! Cette manifestation, spontanée et touchante, prouvait à Mme Loubet que le cœur du peuple était allé tout entier vers le haut magistrat simple et bon dont elle porte si dignement le nom, qu'elle sait faire aimer autour d'elle.

Les télégrammes s'entassaient à l'Élysée : adresses de souverains, de comités, de conseils généraux et municipaux. M. Loubet se refusa à les communiquer à la presse, ne voulant pas, dit-il avec une grande sagesse, donner à la manifestation royaliste du 4 juin, qu'il qualifia de mascarade dans sa réponse aux étudiants de Paris qui étaient venus le saluer, plus d'importance qu'elle n'en avait à ses yeux. Mais il fut profondément touché des témoignages de sympathie auxquels donnait lieu l'attentat dirigé contre lui.

Il fallait renouveler souvent les registres déposés chez le concierge de l'Élysée, et le président les parcourait chaque soir, y trouvant avec plaisir les noms de modestes républicains confondus avec ceux des hauts fonctionnaires, des chefs de l'armée et des élus de tous les corps constitués. Il envisageait avec tranquillité les événements annoncés pour la journée du Grand Prix.

Cependant les journaux républicains, radicaux et socialistes, dont l'action est considérable sur les foules ouvrières, conviaient leurs amis à se rendre le dimanche suivant à Longchamps pour acclamer M. Loubet. Les syndicats, très émus, convoquaient leurs adhérents. Une effervescence extrême était signalée dans tous les milieux populaires. Il fallait manifester, sur le nom de l'élu de l'Assemblée nationale, toute la résolution de ce grand peuple de Paris qui peut hésiter quand il ignore le devoir, mais qui va toujours où l'appelle la défense de la République, dès qu'il la sent vraiment menacée, dès que les circonstances s'imposent enfin à son attention parfois distraite.

Une poignée d'hommes avaient donné le 4 juin l'apparence d'une émeute. Le 11, deux cent mille Parisiens, versés par les bateaux, omnibus, les trains de ceinture et de banlieue, sur les abords du bois de Boulogne, venus des faubourgs les plus lointains, se dirigeaient en foule depuis le matin vers le vaste champ de courses de Longchamps où se court chaque année le Grand Prix. Depuis que, pour son malheur, le peuple de Paris s'intéresse aux courses de chevaux, la journée de Longchamps compte dans le calendrier des foules pour l'une des grandes fêtes de l'été. On y vient de partout, et en si grand nombre de personnes, que les trains et les voitures de divers genres ont peine à suffire à l'importance de ce service exceptionnel. Mais le Grand Prix de 1899 laissera une impression ineffaçable dans le souvenir de ceux qui ont vu se dérouler, sous le soleil, au milieu de l'immense prairie, sur les routes qui lui font une ceinture poudreuse, par les allées qui s'enfoncent vers le Bois, le flot pressé des pauvres gens accourus en habits de fête pour venger le président de la République démocratique des injures dont une bande de muscadins avait tenté, vainement d'ailleurs, de l'atteindre.

Ce jour-là, depuis la sortie de l'Élysée jusqu'à la tribune de Longchamps, M. Loubet entendit des acclamations formidables, et ce fut un tonnerre de voix criant : Vive Loubet ! Vive la République ! qui l'accueillit à son arrivée au champ de courses. On avait beaucoup exagéré, malgré son désir, le service d'ordre autour de la voiture du président et de la tribune officielle. Il n'en était certes pas besoin. Agents de police, troupes d'infanterie, cavaliers, formaient une masse compacte qui ne réussit pourtant pas à soustraire M. Loubet à l'enthousiasme de cette prodigieuse trombe d'hommes.

Cette fois, à part les sportsmen résolus, le monde spécial des cercles et des courses, affectant une bouderie bien puérile, fit grève sur le turf, et l'on ne vit au pesage qu'un fort petit nombre des élégants habitués. Les tribunes, plus accessibles aux bourses moyennes, et dont le prix ne dépasse pas cinq francs, étaient bondées, mais non des femmes de la société aristocratique et du demi-monde qui les fréquentent à l'ordinaire.

Le Paris bourgeois, lettré, artiste, s'était substitué au Paris mondain, en grève, pour saluer l'honnête homme en butte aux insultes d'une tourbe inintelligente qui l'avait pris pour cible, sans haine personnelle, mais comme représentant, par la force des choses d'abord et puis par la conscience d'un immense devoir, la cause sainte de cette République qui est l'espoir des multitudes avides de liberté et de justice. Les petites bourses, représentées par le nombre, avaient envahi la pelouse, dont le prix d'entrée est de un franc.

Entre les pelouses et la tribune existe un espace considérable représenté par la piste ; et les rangées de voitures viennent s'appuyer contre la barrière. Là, dans un coin assez limité, envahissant les voitures qui furent prises d'assaut, une cohue se pressa pendant une heure, poussant des cris qui dominaient tout bruit proche ou lointain, acclamant M. Loubet, chantant des chansons républicaines. Plus loin, une véritable armée d'ouvriers endimanchés, portant une fleur rouge à la boutonnière, défila interminablement devant le pesage avec des clameurs terribles. Pas une voix hostile n'osa s'élever. Il faisait une journée splendide et chaude.

Cette multitude mourait de soif et criait toujours ; M. Loubet était assis au premier rang dans la tribune, à côté de Mme Loubet, souriante et ravie, et de Mme la comtesse Tornielli, à qui l'honneur d'assister à une pareille revanche était bien dû. Les présidents des deux Chambres, les généraux et les ministres, se trouvaient également dans la tribune.

Le corps diplomatique y était représenté au complet, sauf l'absence de M. Edmund Monson, ambassadeur d'Angleterre, appelé à Londres par un deuil de famille, et du comte Münster, retenu à la Haye par les travaux de la Conférence. Aux acclamations qui ne cessaient point, M. Loubet répondait par un sourire tout ému et par des saluts de la tête. Cependant l'arrivée du président, toute brillante qu'elle fût, devait être éclipsée par le triomphe qui l'attendait au départ.

Aux abords de la Cascade, plus de cinq à six mille hommes, femmes et enfants, étaient massés attendant la voiture. On ne pourrait dénombrer ni les curieux échelonnés en haies profondes jusqu'à l'Elysée, sur une bonne lieue de parcours, ni les masses qui s'égarèrent à la recherche des allées où le cortège allait passer. Mais, lorsque le drapeau s'abaissa sur la tribune, et que l'on entendit ce cri : Il part! il y eut sur la pelouse une poussée si violente, que les soldats de faction n'y purent résister et que les barrières furent emportées.

On s'élançait vers la Cascade, mais déjà, sous le bruit des acclamations, le landau présidentiel passait au grand trot de ses quatre chevaux, dans l'étincellement, au soleil, des casques et des cuirasses. Les voitures des ministres furent longtemps séparées du cortège par le tourbillon des manifestants, dont l'escorte eut grand peine à fendre le flot; il fallut modifier l'itinéraire. Ainsi le président rentra à l'Elysée, par l'avenue du Bois et l'avenue des Champs-Elysées sans que, sur un seul point, la double haie de Parisiens accourus pour le saluer fît un vide, et sans qu'il y eût une demi-seconde de silence entre les clameurs confuses où dominait le cri de : Vive la République !

C'était le réveil ; c'était la fin de l'illusoire puissance des réactions ; c'était la réponse de Paris, non pas aux outrages de la cour d'assises que le public n'avait ni entendus ni remarqués, encore que là eût été la cause, mais à l'effet que seul on avait observé parce qu'il avait éclaté à tous les yeux. Et bien que les acteurs de la comédie jouée au Palais fussent absents, ils pouvaient coller l'oreille à la terre pour entendre le pas des foules en marche, eux qui évoquaient le peuple en armes dans la rue. Elles venaient vers eux pour les chasser de leur soleil. Elles affirmaient leur foi en la République, leur mépris des calomnies imbéciles, leur horreur des indignes outrages, leur estime pour l'homme simple et courageux qui avait accepté un grand devoir et ne reculait devant aucun péril pour l'accomplir.

Cette inoubliable journée, dont nous n'avons point trouvé de compte rendu qui rendît l'impression qu'elle nous laissa à nous-mêmes, ne pouvait aller sans quelques désordres. Il y eut, au retour dans Paris de ces deux cent mille hommes, grisés par l'action, diverses manifestations sans importance. La police eut peut-être la main un peu lourde pour les réprimer.

Une interpellation, adressée à M. Charles Dupuy, dès le lendemain lundi, détermina la chute du Cabinet et, pour la première fois, M. Loubet eut à résoudre ce problème souvent insoluble, qui consiste à faire face à une crise ministérielle. La situation avait été grandement compliquée par la manière dont les voix s'étaient réparties dans les deux scrutins qui avaient amené la démission de M. Charles Dupuy et de ses collègues.

Rarement situation s'était présentée au milieu de difficultés plus grandes. L'approche du procès Dreyfus devant le conseil de guerre de Rennes, le retour du condamné, s'annonçaient comme devant donner lieu aux pires émotions populaires ou aux complications dont elles sont le prétexte. Il s'en fallait de beaucoup que les factieux vaincus fussent désarmés. La Chambre s'abandonnait un peu à ce moment. C'était à qui fuirait les responsabilités d'un avenir compliqué et d'une liquidation difficile. Nous ne raconterons pas au long comment M. Loubet fit appel à tous les dévouements, s'entoura de toutes les lumières, chargea à maintes reprises plusieurs hommes politiques de constituer le Gouvernement, et comment ils échouèrent dans leur mission. La crise fut longue et résolue seulement, après un peu plus de dix jours, par l'acceptation de M. Waldeck-Rousseau, qui constitua son ministère.

Qu'il nous soit permis de reproduire ici, à propos de cet homme vraiment exceptionnel, un portrait de lui qui fut publié vers le 8 mars 1899, c'est-à-dire bien avant que l'on pût prévoir le rôle qu'il allait jouer :

« Une lame d'acier polie qui reflète des rayons, et dont le son, au moindre choc, éveille des échos splendides. De haute taille, les épaules larges, il porte haut une tête où ce qui peut exprimer l'orgueil, le dédain, la force, la volonté, se marque en traits rudes et saisissants. Ses cheveux, coupés ras, grisonnent, sa moustache fine est serrée en pointes basses. Le front est beau, le nez droit, mince, les lèvres serrées. Les joues ont le glacé de l'émail. Le menton est ferme et volontaire.

Ce visage plein que jamais un pli ne ride, ce masque immobile semble ignorer le rire, la joie, la douleur. Les yeux gris ont l'éclat métallique d'un couperet, la fixité tranchante de la hache. Point de nuances ; l'homme est crispé dans un effort violent, persistant, de sérieux, d'impassibilité froide. Raide et fort, s'étudiant à ne laisser paraître ni une émotion, ni un sourire, il a réalisé, par une tension inouïe de sa volonté, le signe le plus hostile au caractère de notre race, le gentleman d'impeccable correction qui concentre son âme hors de toute atteinte extérieure et la tient fermée, bandée, sous une armure d'airain.

Tel l'homme, telle l'éloquence. Une parole admirable, de langue nerveuse, de style classique ; la phrase claire comme un bloc de glace pur, lumineux en sa simplicité châtiée, sans images, sans nuances, émise d'une voix brève, d'une belle voix mate, dépourvue de timbre ; le tout armaturé, solide comme une série de théorèmes. Pas un mot inutile, pas une phrase vague, pas un effet. L'orateur est immobile à la barre ou à la tribune. Aucun muscle de son être ne bouge. Les plus ardentes idées se figent au sortir de cette bouche et vont droit au visage de l'auditeur, comme des flèches. Cette attitude et cette parole sont d'un effet saisissant. La raison est écrasée comme le fer sous le marteau-pilon. Et vraiment rien n'exprime mieux la force de cette éloquence froide. L'implacable machine glisse à volonté, monte et descend, polie, immuable dans son effrayant silence, tombe, de ses vingt mille kilogrammes, sans heurts, et brise tout.

Avec une telle force, Waldeck-Rousseau devait être un maître des hommes, un chef incontesté de la République.

Il ne l'est point ; il ne le sera jamais, justement parce qu'il méprise la popularité, lui oppose la barrière de fer de son dédain.

C'est un aristocrate. Comme tel, il aime les arts d'une passion admirable. Il ne s'émeut, dans le fond de son âme, que pour les choses dignes d'être aimées : un beau tableau, une belle statue. Cet esprit, guindé au plus haut sommet par le mépris des foules, s'enclot dans une tour d'ivoire dorée ; une tour d'ivoire dont les appartements regorgent d'idéales merveilles.

C'est une âme noble et droite ; un homme d'énergie et de lucide cerveau que la République sera trop heureuse d'aller chercher au jour du péril ; mais il n'est ni de ce temps ni de ce pays. Il n'y a point de soleil en lui.

Il est trop haut pour le peuple, trop bien aussi dans les aurores polaires.

Il y a dans ce portrait beaucoup d'injustice, un parti pris de peintre qui s'est efforcé de souligner le caractère extérieur de son sujet. Mais il révèle l'impression que la hautaine figure de M. Waldeck-Rousseau avait produite sur ceux qui l'avaient connu. Il servira à expliquer surtout le caractère intime de l'homme qui a dirigé le plus grand des ministères républicains après le cabinet Ferry, du moins la puissance de volonté dont il fit preuve au milieu de tant de difficultés et d'audace, qui réalisa et qui imposa au pays un gouvernement de défense républicaine où figuraient, à côté de son nom célèbre de républicain modéré conservateur, le nom du socialiste Millerand, orateur parfait, homme de talent et de courage, le nom du général de Gallifet, soldat discipliné, loyaliste, résolu, que des souvenirs douloureux semblaient écarter à jamais du pouvoir.

Comment juger avec sérénité l'œuvre accomplie par

ces hommes, sans rappeler, comme nous venons de le faire, la gravité des périls qui constituaient alors une menace perpétuelle, et les difficultés d'une situation sans analogie au cours des vingt-cinq années de République triomphante. Le pays en éprouva une profonde reconnaissance.

Il nous plairait de citer les adresses que les conseils généraux républicains firent parvenir en grand nombre au nouveau ministère, et qui, toutes, affirmaient l'attachement de la nation pour le président de la République. Mais ce sont là des faits qui appartiennent à l'histoire récente et qui intéressent le ministère.

L'honneur de M. Loubet sera d'avoir élevé la nécessité du salut au-dessus de tout autre considération et d'avoir présenté à la Chambre un cabinet de défense républicaine qui a accompli son œuvre, qui a rendu au pays la paix, à la République son prestige.

Dans le Cabinet qu'il préside, ses conseils, son autorité, son expérience assurent au Gouvernement l'unité de vues, de direction morale qui est nécessaire ; mais ils s'exercent dans un domaine où l'annaliste n'a pas le droit de pénétrer, puisque les actes du pouvoir exécutif ne sont à aucun degré les actes du président irresponsable.

La crise que la France venait de traverser s'est achevée par des incidents que nous devons énumérer sans les conter et sans les juger : le procès de Rennes ; la grâce accordée à l'ex-capitaine Dreyfus, l'apaisement et l'oubli de ce côté ; le procès de la Haute-Cour, avec les incidents tragi-comiques qui l'ont précédé ; les grandes et sérieuses réformes accomplies ou proposées. Au-dessus de tout cela, le calme profond, le travail, une prospérité inconnue depuis longtemps, et cette ouverture grandiose de l'Exposition universelle qui est, en dépit des colères réactionnaires, un triomphe pour la France et pour la République. Voilà l'aboutissant de ces journées haineuses dont nous avons dû faire l'histoire avant de raconter la vie de l'homme excellent, probe et courageux, qui préside aux destinées de la patrie.

CHAPITRE QUATRIÈME

M. Emile Loubet est né à Marsanne, Drôme, le 31 décembre 1838.

La maison où il est né, et que sa mère n'a cessé d'habiter, est située à deux kilomètres du village, comme nous l'avons dit. On y arrive par un chemin bordé de peupliers que longe une petite rivière. C'est, isolée au fond de la vallée, une grosse métairie composée de deux corps de logis en équerre, dont les bâtiments rustiques comprennent, au rez-de-chaussée, des écuries, des étables et des granges et, au premier étage, les chambres, entre autres celle de Mme Loubet mère. Dans la cour, très animée, les poules picorent, les porcs flairent et se vautrent, des moutons se pressent aux portes de la bergerie. Le soleil du midi égaie les toits de tuiles rouges et les murs blanchis à la chaux. Voilà la ferme prospère et riante, où tout révèle le labeur accompli sous l'œil vigilant de la maîtresse.

Le père du président de la République, M. Auguste

Loubet, propriétaire et cultivateur, fit bâtir cette demeure, qui en remplaçait une autre devenue inhabitable. M. Auguste Loubet fut pendant trente-sept ans maire de Marsanne. Il est mort, il y a dix ans environ, laissant trois enfants.

L'aîné, Auguste, est, comme nous l'avons dit, docteur en médecine. Il s'est retiré à Grignan, où il n'exerce plus sa profession que pour rendre service aux pauvres. Grignan, à vingt-cinq-kilomètres de Montélimar, est, au bord du Rhône, la châtellenie dont portait le nom, par son mariage, la fille de Mme de Sévigné, illustrée par l'amour que lui voua sa mère. L'antique château, résidence qui fut splendide, est une ruine sur des ruines. La famille Loubet possède là un domaine familial de très ancienne origine, résidence de M. le docteur Auguste Loubet.

Le président fut le second fils du cultivateur-maire de Marsanne. Une sœur de M. Emile Loubet, Félicie, qui épousa en 1865 M. Barbier, banquier à Valence, est morte depuis plusieurs années, laissant trois fils.

Marsanne est un gros bourg qui compte 1.329 habitants ; son histoire date de fort loin, ses franchises et ses privilèges remontent à l'année 1354.

Par un acte enregistré à la Chambre des comptes de Grenoble, Aimard de Poitiers, comte de Valentinois et de Diois, concédait aux habitants de Marsanne la jouissance des terres, de la montagne et de la forêt, à charge d'hommage, avec droit de chasse sur le menu gibier, droit d'enclore leur ville, liberté de l'adminis-

La Ferme de Marsanne

trer eux-mêmes. Le fait n'est pas rare, tant s'en faut, dans le Dauphiné, où une intelligente aristocratie, d'ailleurs appauvrie en des guerres lointaines, s'efforçait encore de s'attacher le peuple par d'habiles concessions. Ainsi se créa, par l'habitude de la liberté et des responsabilités qu'elle comporte, cette forte bourgeoisie du Dauphiné qui a préludé à la Révolution. Ainsi se constituait, dans les cerveaux de la race, cette tendance à considérer la vie publique comme un ensemble de devoirs nés de la solidarité communale, cet esprit municipal gardien, traditionnel, des libertés civiles que M. Loubet possède peut-être à un plus haut degré que les hommes politiques de son temps.

Le bourg de Marsanne eut une histoire fort agitée au temps des guerres de religion. La place se défendit vaillamment en 1589. C'est un pays industrieux, jadis riche en vignobles que le phylloxéra a détruits, où l'on trouve encore des carrières de ciments, de pierre blanche, de tripoli, et où les habitants se livrent à divers métiers pour le compte des industriels de la vallée du Rhône.

Le plus lointain ancêtre direct des Loubet, dont le nom se retrouve dans les registres communaux de Marsanne, est un certain Dominique Loubet, décédé le 20 avril 1645, qui fut enterré dans l'église de Réauville. Son fils, Noël Loubet, épousa Isabelle Cheynet, d'Allan, qui lui donna deux fils, dont le second, Michel, décédé à Allan, sans postérité, laissa tous ses biens à ses neveux et nièces par testament du

23 avril 1694, constaté à Grignan, le 15 mai 1696. L'aîné, Dominique Loubet, consul et trésorier de Réauville, en 1665 et 1682, épousa en 1661 Jeanne Marignan. De ce mariage, sont issus quatre fils et trois filles. Le second de ces enfants, Jean-Joseph, fut consul de Réauville comme son père. Il épousa Anne Alleman, d'une famille célèbre en Dauphiné. Les ancêtres des Alleman, batailleurs illustres, avaient chassé les Sarrazins du pays qu'ils occupaient depuis des siècles, et le roi, en récompense, combla cette maison de fiefs et d'honneurs. Le second fils de Jean-Joseph Loubet, porta les prénoms de son père, et fut consul et trésorier de Réauville. Il était né en 1722. Il se maria en 1745 à Marianne Pelisse. Jean-Joseph Loubet, fils du précédent, eut d'Elisabeth Couston un fils du même prénom qui épousa, à l'âge de vingt-un ans, le 7 brumaire an V, à Rochefort, Rose Bayle, dont le nom figure parmi les nobles familles dauphinoises qui, de 1344 à 1352, venaient à Marsanne « grossir la cour des comtes de Valentinois. »

L'aîné de leurs enfants, Antonin, fut docteur en médecine et n'eut point d'héritiers directs. Le second, Auguste Loubet, maire de Marsanne, chevalier de la Légion d'honneur, épousa Marie-Marguerite Nicolet, qui vit encore, âgée de quatre-vingt-deux ans. De ce mariage est né M. Émile Loubet. Et puisque nous sommes arrivés à fixer l'état civil du président de la République, ajoutons que M. Loubet épousa, le 18 août 1869, Mme Marie-Louise Picard, dont le père était quincailler à Montélimar. De ce mariage sont nés : 1° Marguerite, épouse de M. Humbert de Soubeyran de Saint-Prix, juge à Marseille, mère de Jean de Soubeyran de Saint-Prix, né le 25 septembre 1890 ; 2° Joseph, né le 11 juillet 1871, décédé le 4 février 1873 ; 3° Paul Loubet, docteur en droit, avocat à la cour d'appel de Paris, né le 13 mars 1874 ; 4° Émile Loubet, né le 10 mai 1892.

Né aux champs, Émile Loubet vécut ses premières années dans la délicieuse liberté que Victor-Hugo a connue, chantée, regrettée. Mais la maison paternelle était si éloignée du bourg, que l'on fut contraint de bonne heure de mettre l'enfant en pension au collège de Crest, d'où il passa, après quelques années, au collège de Valence. Il fit de bonnes études classiques ; c'était un écolier sérieux, docile et travailleur.

Le collège de Valence a conservé longtemps deux compositions de lui, dont l'une fut lue, en 1855, à la distribution des prix. C'était une fantaisie intitulée : *La première page de mes mémoires*. Il est regrettable que l'on n'ait pas retrouvé cette première page. Il y aurait eu régal à la parcourir.

Peut-être le jeune collégien y contait-il un trait de son enfance dont il a été rendu témoignage à diverses reprises, et qui montre chez le gamin les qualités de courage et de raison qui ont illustré l'homme. Il se baignait un jour, dans la Drôme, à Crest, avec ses camarades de collège, quand l'un d'eux perdit pied dans un endroit profond où il s'était aventuré. L'enfant se noyait. Émile Loubet voit le péril et mesure en même temps ses forces, qui étaient celles d'un petit paysan de dix ans. Il nage vers le désespéré et quand il arrive près de lui, raisonnant, avec une sagesse et une prudence vraiment rares, que son camarade, ayant bu encore un peu d'eau serait plus maniable, — il attend. Puis quand le pauvre garçon étourdi paraît incapable de saisir et d'entraîner son sauveteur, il le prend à bras le corps, et le ramène sain et sauf sur la berge. Là, secondé par ses camarades, il l'aide à reprendre ses sens, il l'enveloppe, et tous ensemble le transportent à la maison la plus voisine où des soins empressés le ramènent tout à fait et le mettent sur pied en un instant. Le trait est curieux et rare. Il définit le caractère de l'homme avisé et courageux tout à la fois qui ne cède rien au hasard et, sachant tout oser, raisonne avant d'agir.

M. Auguste Loubet voulait que son second fils fût avocat. Cette carrière plaisait au jeune bachelier. M. Loubet alla faire ses études de droit à Paris en 1857. Il habitait rue de Tournon au sixième étage, une petite chambre, où sa vue était bornée par les masses de ce palais du Luxembourg qu'il devait habiter quarante ans plus tard. Il fut un étudiant piocheur et réfléchi; Paris n'exerça point sur lui la suggestion qui perd tant de jeunes provinciaux et les « déracine ». Il aimait sa terre d'origine, son village, la petite ville, son ciel et tout ce qui l'entoure. Il n'avait pas d'autres ambitions que de faire sa vie honnêtement en bon citoyen, là où son père et ses ancêtres avaient vécu.

Il passa les années si dangereuses de Paris dans la société de camarades qui étaient presque tous ses compatriotes. Ils s'assemblaient chez lui pour causer en prenant le café, qu'il excellait à distiller dans le filtre de fer battu. On parlait droit, littérature, philosophie, comme on en parle à vingt ans quand on rêve de tout réaliser et de tout conquérir, comme les amis d'Arthez et de Michel Christien, héroïques figures copiées sur la réalité par Balzac, causaient vers 1825 dans la mansarde de la toute proche rue des Quatre-Vents. Nos jeunes d'aujourd'hui se grisent encore volontiers de leurs songes et de leur chimère, mais le songe est noir et la chimère a le visage plus horrible que son corps.

Toutes les générations d'étudiants qui ont passé dans ces chambres du quartier latin depuis la chute de Napoléon jusqu'à la guerre fatale, ont poursuivi l'ardente vision d'une République idéale, régnant sur les hommes devenus meilleurs par la toute puissance de la Raison et de l'absolue Justice. Que de plans, de projets, de raisonnements, d'espérances, cette aspiration d'une élite a suggérés, on le saurait en écoutant ceux qui ont vécu les longues heures d'attente sous les régimes monarchiques et sous le second empire. C'est là, au contact de Paris frémissant d'impatience, tandis que les voix libres osaient à peine se faire entendre et qu'on se passait sous le manteau les *Châti-*

ments, imprimés sur du papier à chandelle, pêle-mêle avec des pièces de vers médiocres ; quand les murs avaient des oreilles ; quand les bagnes et l'exil gardaient encore par milliers les proscrits de décembre ; dans le profond silence et l'intime révolte de ceux qui étaient les intellectuels de l'époque ; c'est là qu'à la lecture des œuvres toutes récentes de Michelet, de Quinet, de Lamartine, Émile Loubet devint républicain. Là que son cœur sentit bouillonner la sève dauphinoise, le vieil instinct de liberté que rien n'effaça jamais de la terre où il était né.

Il revint dans sa ville paisible tout imprégné des idées qui montaient alors et qui, si longtemps étouffées, devaient vaincre un jour, après avoir contraint l'absolutisme impérial à des concessions profondes. Il revint docteur en droit et se fit inscrire au barreau de Montélimar en 1865.

La réaction contre le César chimérique ne s'était pas accomplie en province. C'est le coup de tonnerre de 1870 qui la réveilla. Émile Loubet était à Grignan lorsqu'on alla le chercher pour en faire un conseiller municipal, et le 4 septembre le fit maire de Montélimar.

Il n'a cessé de remplir ces fonctions que contraint, et pour un court délai, entre le 16 mai et le 14 octobre 1877, et ne les a abandonnées que le jour où il a été élu président de la République.

Encore a-t-il fallu que le renouvellement des conseils municipaux en mai dernier obligeât à retirer son nom des listes de candidatures, pour que ses collègues cessassent de le considérer comme un des leurs. En chaque séance, à l'appel de ce nom que les Montiliens ont tant appris à aimer, un conseiller répondait : « Excusé, retenu à l'Élysée. »

Le 16 mars 1900, M. Loubet, président de la République, présidait à l'inauguration d'un hospice à Issy, près Paris. Après la cérémonie, il se rendit à la mairie, où une réception officielle était préparée. Il profita de cette occasion pour visiter, dans cette commune, l'hospice des Petits-Ménages.

A la bienvenue que lui souhaitait le maire, M. Loubet répondit :

La solidarité communale peut n'être pas un vain mot. La commune est comme la famille ; le sentiment de la solidarité humaine y est profond et vivace ; il fait contrepoids à l'égoïsme individuel et crée ces œuvres qui font honneur à notre temps et à notre pays et dont vous avez le droit d'être fiers.

Cette vision du devoir municipal est celle qui guida pendant trente ans M. Loubet dans l'exercice de son mandat. Si le premier soin de l'administrateur fut de constituer un bon budget, un équilibre financier solide et capable de permettre les longs desseins et les sécurités à venir, il croyait trop aux bienfaits de la mutualité et de la coopération pour ne pas donner aux questions qu'elles soulèvent la première place dans ses pensées.

Son œuvre, à ce point de vue, mériterait plus qu'une mention rapide, et cependant le cadre de cet ouvrage ne nous permet point de l'étendre. Il ne nous est possible que d'indiquer d'un trait le grand effort tenté et l'œuvre accomplie pour l'organisation des retraites en faveur des fonctionnaires municipaux, l'extension de l'assistance publique et son organisation méthodique, les mesures d'hygiène et de salubrité, le système d'hospitalisation des vieillards mis en œuvre avec les ressources modiques d'un budget tenu d'une façon étroite. Ce goût de l'ordre et de la méthode dans la direction des finances n'est-il pas la marque où se reconnaît la précision d'un esprit doué de la raison la plus lumineuse ? Que dire d'un ingénieur qui établirait les graphiques de sa machine sans tenir compte avant tout des forces dont il dispose, et qui ne s'efforcerait de donner aux agents moteurs leur maximum d'élasticité ?

Le budget représente une puissance dynamique qui ne peut être accrue sans danger ; il importe de ne prendre à l'activité privée que l'indispensable. C'est diminuer la puissance de production du travail individuel, créateur de la richesse générale, que de prélever sur ce travail la part qui s'appelle l'impôt. Au delà d'une certaine limite, il arrive ce que l'Italie a vu se produire : l'impôt trop lourd est un obstacle au développement de la richesse ; il ruine le pays qui en supporte le poids. Donc, si les énergies dont on dispose pour mettre en mouvement un organisme tel que la commune, le département ou l'Etat, sont limitées, le rôle du bon administrateur est de mesurer les services aux moyens, de les assurer, d'en combiner l'exécution sans dépasser les bornes fixées par la nécessité de tirer le meilleur parti d'une force dont il doit, autant que possible, diminuer la production.

Les fonctions de maire sont le plus parfait apprentissage budgétaire qu'un homme public puisse désirer. Il y a peu d'hommes en France capables de lire un budget et de le comprendre. Le moindre — celui d'une ville de troisième ordre — est un appareil aussi compliqué en soi que le budget de l'Etat.

M. Loubet fut l'administrateur financier par excellence pour sa ville familiale. De 1870 à mai 1877, et d'octobre 1877 au jour où il devint président de la République, il ne cessa de peser avec soin l'économie de son petit budget montilien. La dette venait de l'administration impériale. Le principal des quatre contributions était grevé depuis 1870, avant la nomination de M. Loubet, de vingt-six centimes additionnels. Après trente ans, le centime est resté le même et la dette, convertie en 1878 en quatre pour cent, ne s'est pas accrue. La conversion était sage. La ville aurait pu, par une conversion nouvelle en ces dernières années, obtenir une réduction d'intérêts de 0,50 pour cent et davantage. M. Loubet n'y consentit point. L'amortissement sera complètement terminé en 1916 et Montélimar, à cette date, ne devant plus rien à personne, disposera, pour les améliorations possibles et désirables, d'une annuité considérable. Alors, il lui sera facile, ou de demeurer riche et libre d'engagements, ou d'emprunter à nouveau dans les meilleures conditions de crédit.

Il n'y a rien dans la carrière de M. Loubet dont il soit plus fier que de cette preuve palpable de sagesse, de prudence et de bonne administration. La rigueur qu'il a apportée pendant trente ans à maintenir un équilibre financier absolu, n'a certes pas empêché le maire de Montélimar de réaliser des créations utiles, de mettre sa ville au niveau des mieux outillées au double point de vue de l'hygiène générale, de la salubrité et de la beauté des rues et des places publiques.

Il y a peu de villes en France plus propres, plus jolies, plus soignées que Montélimar. Dès 1871 l'adduction d'eaux de source, projet prévu autrefois, était réalisée avec une dépense de cinq cent mille francs. En 1886, le captage des eaux excellentes de la Laupie, amenées à Montélimar par un canal de dix kilomètres, complétait heureusement le service de distribution d'eau potable, service qui dépasse de beaucoup les besoins de la consommation, permet l'arrosage, le lavage quotidien des rues et des places et des égouts. Montélimar est de la sorte une ville très saine et la dépense primitive jointe aux cent quatre-vingt mille francs que coûta la seconde canalisation, est loin de représenter un mauvais placement, puisque ce service, dont la ville est propriétaire et maîtresse absolue, rapporte brut à la ville trente-cinq mille francs par an.

Quand il fut question de bâtir les casernes de Montélimar pour y loger une garnison, que M. Loubet avait obtenue considérable, le génie militaire présenta des plans très chers. Il y eut de longs débats, des études et des contre-enquêtes sans nombre, toute la lutte d'un administrateur agissant en bon père de famille pour réduire la dépense à des limites raisonnables et ménager les ressources de la ville.

Dans ses fonctions paternelles, M. Loubet ne cessa de prêcher l'union entre tous les républicains et il ne lui fut pas toujours facile de la maintenir. Il consentit, pour l'assurer, tous les sacrifices compatibles avec la dignité personnelle, et s'il eut à lutter parfois, il eut la joie de rendre à ses concitoyens et à lui-même le juste hommage que méritaient leurs généreux efforts et leur saine raison. C'est ainsi qu'en mai 1890, il reçut, comme maire de Montélimar, le président Carnot, et devant le loyal républicain, dont l'amitié fut le premier des honneurs très grands de sa belle carrière, il put prononcer ces paroles, qui sont le plus bel éloge qu'une ville puisse s'adresser à elle-même : « Vous visitez, ici, « Monsieur le Président, une population calme, intel-« ligente, laborieuse, profondément libérale à toutes « les époques et convaincue que la véritable liberté « n'exclut pas, bien au contraire, un gouvernement « fort et honoré, parce qu'il assure les droits de tous, « l'ordre et le respect des lois. Cette population est « passionnément attachée à la République : elle pro-« testait contre le coup d'État de Décembre. Elle affir-« mait en 1869, ses opinions sur le nom du regretté « Bancel. Depuis 1871, elle choisit des mandataires « républicains, et, à aucun moment, elle ne s'est laissée

« séduire par les doctrines funestes du Césarisme. Nous
« nous en faisons un honneur..... »

Conseiller général de Grignan depuis 1871 jusqu'en 1885, il représenta ensuite, par option, le canton de Montélimar. Il était rapporteur du budget départemental, depuis longtemps, lorsque l'assemblée le nomma son président, en 1889, et ne cessa, depuis ce jour, de le réélire. Tout ce qui concerne l'action si pratique, si féconde du département, passa, de la sorte, par ses mains, et la science qu'il en acquit lui donna une autorité considérable sur ses collègues. Son influence dans les débats concernant l'impôt, les travaux publics et les chemins de fer, fut de la sorte prépondérante autant que mesurée. Il ne se départit jamais de ses relations courtoises avec les préfets, sinon au 24 mai et au 16 mai; il s'opposa toujours à la discussion des vœux politiques interdits par la Constitution; et, en revanche, il proposa et soutint un grand nombre de vœux d'intérêt économique général, dont il eut la joie de voir le Gouvernement tenir compte à plusieurs reprises.

Que dire d'un homme qui, pendant trente ans, sans que l'on ait pu lui reprocher une erreur, sans que sa foi ait varié, a cumulé ces charges redoutables de maire, de conseiller général, membre et président des commissions départementales, de député, de sénateur, et qui, dans tous ces mandats, a apporté cette puissance de travail, ce goût de son œuvre, par lesquels il s'est signalé à l'attention du public ? Cependant, il n'avait cessé de plaider, de s'occuper de sa clientèle, qu'au jour où il devint président du Sénat.

M. Loubet s'est dépensé comme peu d'hommes l'ont fait dans le siècle le plus actif de l'histoire.

Il ne songeait nullement à la députation, lorsqu'elle lui fut offerte. Travailleur énergique, avocat d'affaires, plaidant le mur mitoyen et les expropriations, il avait les charges et les soucis d'un chef de famille. Son père vivant dans sa propriété, son frère aîné installé comme médecin à Grignan, des amis, dont quelques-uns vivent encore : MM. Isidore Valentin, Fangas, Bouthéon, Simon, Blache, présentèrent sa candidature à la première élection qui suivit le vote de la Constitution de 1875. Il avait pour concurrent M. Cler, ami de Madier de Montjau, qui se retira devant les préférences des comités républicains. Le 20 février 1876, M. Loubet était élu député par 13.925 voix sur 14.336 votants, avec une profession de foi que la suite de sa carrière n'a jamais démentie.

Il alla siéger au groupe de la gauche républicaine, et signa, le 17 mai 1877, le manifeste des 363, qui refusèrent leur confiance au cabinet de Broglie-Fourtou. La bataille était engagée entre toutes les forces réactionnaires et les républicains; M. Loubet fut révoqué de ses fonctions de maire par le sous-préfet de l'ordre moral, M. le baron de Bar. Aux élections d'octobre 1877, il eut pour concurrent son successeur à la mairie, M. Lacroix Saint-Pierre, bonapartiste, qui n'obtint que 7.006 voix contre 11.012 suffrages dont M. Loubet bénéficia.

Réélu par cette majorité considérable de 4.000 voix, le jeune député de Montélimar reprit ses fonctions de maire à l'avènement du cabinet Dufaure, pour lequel il se prononça à la Chambre. Il vota, sous Jules Ferry, l'article 7 et les lois nouvelles sur la presse et la liberté de réunion. Ce n'est qu'en 1880, lorsqu'il eut étudié, comme il convenait, les questions qui appelaient son attention, que M. Loubet fit ses débuts à la tribune, dans une discussion d'affaires, à propos du tarif général des douanes, alors débattu pour la première fois. Il fut écouté avec attention, fit une impression excellente, parce qu'il savait à merveille élucider un sujet et qu'il s'entendait à rendre accessibles les questions de chiffres.

Ce discours fut un des premiers où l'on entendit défendre la cause des sériciculteurs, de cette vaste industrie des soies qui fait la richesse de la vallée du Rhône, à de grandes distances de son centre fameux, Lyon. Très technique et très sobre, ce discours classa son auteur parmi les orateurs les plus consciencieux de la Chambre.

M. Loubet prit part, dans la même session, à la discussion sur le projet de réforme judiciaire présenté par M. Humbert, ministre de la justice. Une première fois, à un point de vue purement budgétaire et avec beaucoup d'éloquence, il s'éleva contre les demandes tendant à l'augmentation du traitement des conseillers de Cour : « Nous sommes envoyés ici, dit-il, par ceux « qui de leur travail nourrissent le budget, pour leur

« éviter les charges inutiles. C'est notre premier
« devoir : il est essentiel, et nous ne devons jamais
« l'oublier. » Tout le programme de sa vie parlementaire est là. Le député de Montélimar se prononça pour les lois scolaires et prit la parole au cours des débats sur la question de la gratuité absolue qu'il préconisa de toutes ses forces.

Nombre de nouveaux députés dédaignent la besogne fastidieuse, pesante et sans prestige qui consiste à faire les rapports sur les projets de loi d'intérêt local. C'est la part des travailleurs, des consciencieux, des jeunes représentants pleins de zèle. Ce fut la part de M. Loubet. Dès les premiers temps de son entrée à la Chambre, il s'appliqua, avec une bonne volonté parfaite, à ces questions qui soulèvent des difficultés considérables, des problèmes épineux, excellente école de politique pratique et d'administration, parce que ces lois d'intérêt local mettent en jeu tous les ressorts de notre organisation publique. C'est par là du reste que M. Loubet acquit une connaissance approfondie de tout ce qui concerne la vie nationale, départementale, communale en France. Il n'est peut-être pas indispensable qu'un président de la République puisse en remontrer à un secrétaire de mairie, à un préfet et à un conseiller d'État sur les moindres détails de leurs services, mais quelle sécurité pour un pays d'avoir de la sorte, auprès et au-dessus du Gouvernement qui agit, ce chef d'État qui conseille en connaissance de cause, parce que, de tous les rouages de la machine immense, aucun détail ne lui est étranger ! C'est dans cette période de labeurs passionnés que M. Loubet présenta à la Chambre des rapports particulièrement intéressants pour notre Dauphiné : sur le canal dérivé de la Bourne ; sur le projet de loi tendant à rectifier les limites entre les communes de Saint-Nazaire et Bernin, canton Est de Grenoble, et la commune de Villard-Bonnot, canton de Domène (Isère) ; sur le chemin de fer d'Orange à Vaison ; il rédigea également le rapport sur le projet d'emprunt de 300.000 francs, sollicité par la ville de Grenoble pour la construction de l'hôtel des postes et des télégraphes (session de 1882).

Ainsi s'exerçait, dans une série d'interventions parlementaires très étudiées, un talent sobre, fait de méthode et de sens pratique et qui, procédant avec une prudence et une réserve extrêmes, n'abandonnait jamais rien au hasard.

Réélu député le 21 août 1881, par 11.201 voix sur 12.681 votants, il s'appliqua pour sa part à assurer au pays un Gouvernement durable. Ce fut l'époque du grand ministère où Gambetta, combattu par une opposition implacable, eut peine à tenir la barre durant quelques mois contre toutes les impatiences coalisées. M. Loubet soutint de ses votes le ministère Gambetta, et, après sa chute, il s'efforça pour son compte de maintenir au pouvoir le ministère Jules Ferry, vers qui allaient toutes ses sympathies. Il vota contre la séparation des églises et de l'État et fut rapporteur

Une Garden-Party à l'Élysée

de la demande de crédits en faveur de l'expédition de Tunisie. Il avait pleinement approuvé cette entreprise, la plus sage et la plus habile que la République ait tentée, celle qui a permis, en somme, la constitution de ce vaste empire de la France africaine, dont la constitution définitive est toute récente et dont l'avenir promet à nos énergies un champ d'action illimité.

De même, M. Loubet vota les crédits du Tonkin, si violemment combattus alors. Partisan d'une politique coloniale raisonnée, il défendit à la tribune les décisions du ministère et, le 31 octobre 1883, il présenta, de concert avec Paul Bert, l'ordre du jour suivant, qui clôturait un long et magnifique débat où M. G. Clemenceau avait combattu la demande de crédits formulée par M. Jules Ferry : « La Chambre, approuvant les « mesures prises par le Gouvernement pour sauvegar- « der au Tonkin les intérêts, les droits et l'honneur de « la France, et confiante dans sa fermeté et sa pru- « dence pour faire exécuter les traités existants, passe « à l'ordre du jour. » Cette formule emporta l'adhésion d'une forte majorité. Son étude particulière et son action s'exerçaient surtout dans les questions qui concernaient les travaux publics, et il avait acquis en ces matières des idées précises, raisonnées, une véritable compétence.

Le 6 décembre 1882, M. Loubet prononçait, au cours de la discussion du budget, un important discours relatif au projet Freycinet, dont l'exécution était l'objet d'attaques très violentes de l'opposition, parce que l'on considérait, non sans quelque apparence de raison, qu'une dépense de trois ou quatre milliards pourrait un jour mettre en péril les finances de la République. Il fit observer que le plan considérable auquel l'illustre collaborateur de Gambetta avait attaché son nom, avait reçu l'approbation de tous les partis. Personne en effet, dans les rangs de la minorité, non plus que parmi les républicains, n'aurait consenti à refuser aux intérêts locaux les satisfactions qui leur étaient promises. Mais la promesse n'était pas un vain appât électoral, comme on l'a prétendu. A la même heure, l'Allemagne entreprenait des travaux beaucoup plus vastes, et offrait des moyens d'action presque illimités au merveilleux essor qu'allaient prendre son industrie et son commerce.

Depuis longtemps, l'Angleterre, la Belgique, l'Amérique du Nord, et des états secondaires comme la Suède, le Danemarck, la Hollande, la Suisse même, en dépit des difficultés techniques, avaient développé à outrance leur réseau ferré. Comment pouvait-on admettre que la France se résignât à ne pas tenter un vaste effort pour mettre son outillage économique au niveau des ressources amassées par ses concurrents?

La droite protesta violemment contre les paroles de M. Loubet. Mais il ne se laissa pas émouvoir pour si peu. Il montra qu'en dépensant trois ou quatre cents millions par an, pendant dix années, le pays ferait en somme une opération financière excellente, la fortune publique étant liée à la réalisation du programme de travaux publics proposé. « Nous devons, dit-il, exécuter ce programme, et cela sans en rien retrancher. C'est un engagement que nous avons pris ; nous devons l'exécuter ».

« Est-ce à dire, continua-t-il, qu'il n'y ait pas de grandes modifications à apporter dans les plans proprement dits pour en rendre la réalisation plus simple et moins onéreuse ? » Et ici, entrant le premier dans un ordre d'idées qui a été grandement développé par la suite, M. Loubet préconisa le système de construction des chemins de fer économiques, à voie étroite et sans travaux d'art, tel qu'il était exécuté par les départements pour leurs réseaux d'intérêt local. Il cita la Drôme qu'il connaissait bien, le Nord, le Pas-de-Calais, l'Indre-et-Loire. M. Martin Nadaud appuya par quelques observations ces idées qui furent reprises plus tard, avec plus de développements encore, par M. Loubet, lors de la discussion du budget extraordinaire.

Le député de Montélimar prit part aux longs débats relatifs au rachat des ponts à péage, au sujet duquel il présenta un contre-projet d'ordre exclusivement financier. C'est à ce point de vue également qu'il intervint dans la discussion du projet de réforme judiciaire présenté en 1883. Son contre-projet, relatif aux honoraires des magistrats de tout ordre, réduisait à des proportions modestes les demandes d'augmentation proposées par le ministre ; il blâma la manière dont on prévoyait la classification des justices de paix ; il obtint que les

greffiers, déjà payés sur les frais d'actes et de procédures, ne fussent pas appelés à bénéficier d'une augmentation de leurs revenus. C'est à ce sujet qu'il prononça, le 29 mai 1883, des paroles dont nous retrouvons l'écho à chaque page de son œuvre législative :
« Nous sommes ici pour voter l'impôt et pour n'imposer
« aux contribuables que les charges justes et légitimes ;
« on ne pardonnerait pas à une Chambre, dans les cir-
« constances actuelles, de se montrer prodigue. Nous
« devons faire ce qu'il convient pour la magistrature,
« mais nous ne devons pas aller au-delà, car il ne nous
« est pas permis de nous montrer généreux avec l'ar-
« gent versé par ceux que nous représentons dans les
« caisses de l'État ; nous devons en être économes.
« (Applaudissements) ».

C'est ici la vision très exacte, un peu étroite, mais non sans grandeur, du devoir parlementaire tel que les hommes des grandes assemblées l'avaient compris. M. Loubet est un modéré dans toute l'acception du mot : il n'admet point que l'on prétende toucher à la propriété individuelle ni au droit traditionnel ; il repousse l'intervention de l'État dans le domaine de l'activité privée ; il est libéral comme les grands libéraux du siècle, et beaucoup mieux que le plus libéral d'entre eux, car il ajoute à cette foi profonde un sens de l'égalité que n'avaient pas les superbes bourgeois de la période parlementaire ; la fonction du Parlement lui apparaît comme frein et régulateur de l'action gouvernementale. Le Gouvernement dépense ; il est toujours trop enclin à dépenser : les Chambres serrent les cordons de la bourse et comptent sou par sou avec le pouvoir. C'est la sagesse même et la condition de la liberté. Est-ce à dire qu'en exigeant une économie étroite, les Chambres souvent se montrent avares pour le bien public ? Le discours sur les travaux publics et les votes sur les lois scolaires répondent directement.

Il faut accomplir ce qui est utile et ce qui est juste, dût-il en coûter très cher ; mais il ne faut pas laisser passer, même dans l'accomplissement des plus larges générosités, l'occasion d'une économie. « Vous savez l'histoire de l'homme qui, allant porter une abondante aumône au loin, préféra la porter à pied afin d'économiser l'argent du voyage ? » Le mot est de M. Loubet, dans un discours. Il dit tout. Combien de républicains ont ce sentiment profond du devoir parlementaire ? Combien surtout ont la foi, la foi dans la liberté, dans la libre discussion, dans l'excellence du régime représentatif, dans le respect absolu et tutélaire de la loi ? M. Loubet croit à la liberté ; c'est un sentiment que le Breton de Bretagne, par exemple, l'humble fermier, nourri de seigle et de pommes de terre au fond du Morbihan, ne trouve pas dans son berceau, qu'il acquiert seulement en grandissant, tandis que le Dauphinois naît homme libre.

De ces oppositions est faite l'âme française, complexe, variée, profonde comme la mer, et ce sont elles peut-être qui font la grandeur de la race. Un article du *Voltaire* dit fort justement ces choses toutes à l'honneur de notre région, et nous demandons la permission de le citer ici :

Dauphinois de fine roche, M. Loubet a dans le sang ce goût de la liberté, la tradition révolutionnaire et doctrinaire tout à la fois, qui est du plus pur terroir en ce Dauphiné qui fit son quatre-vingt-neuf en 1788, par un esprit d'initiative qui a survécu à tous les régimes. Il est né dans cette belle vallée du Rhône, assez près de la Provence pour que cela soit le Midi, assez loin pour que toute la prudence du Nord, l'esprit calme et froid du Jura et du Lyonnais, éteignent les exubérances latines.

Ce merveilleux pays, le plus pittoresque et le plus vivant qui soit en France, est habité par une race d'hommes d'esprit pratique, un peu étroit peut-être, mais clair comme l'eau des torrents : très libres de tempérament, propres aux affaires plus encore que le paysan de Normandie, parce qu'ils voient large et qu'ils ne s'embarrasseront point de ficelles procédurières, ils ont l'audace qui fait les belles entreprises et l'esprit de suite qui réalise l'impossible.

On oublie facilement qu'ils ont tenu à Vizille des États de province où toute la Révolution a été formulée. C'est dans un massif château de style Louis XIII, à l'orée d'une vallée sauvage, immense et féconde, que les Dauphinois écrivirent le pacte d'unité scellé au Champ de Mars, au grand soleil de la Fédération.

Le château est devenu une usine, et tout autour de lui, à l'ombre des hautes montagnes que les sapins drapent de velours sombres, au bord de la Romanche, torrent plus vaste que les gaves pyrénéens, les fabriques se multiplient, se pressent, se tassent, s'éparpillent parmi les prairies et les petits canaux de dérivation où glissent les truites.

Montez plus haut, vers les vallées perdues, vers la grande montagne nue et sévère ; partout le même élan, la même activité têtue, patiente, qui fait bénéfice de tout, qui accapare le torrent, absorbe la cascade, force le filet d'eau, si lent dans sa chute éternelle, à tourner les turbines, à s'éclabousser en efforts affolés sous la rame des roues motrices, à travailler pour l'homme.

On fabrique de tout : le papier que voici, le métal de cette plume, la soie de ce revers d'habit. Entrez dans la maison du paysan, haut chalet à l'auvent en visière où le logis surmonte l'étable. En bas, les vaches meuglent dans l'ombre ; l'homme traine en brouette son fumier, prépare son labeur de demain. Là-haut, la grande chambre s'éclaire de deux lampes électriques, de la bulle de verre où tremblotte le fil lumineux.

L'une veille sur un métier à tisser la soie, où la fille du logis s'active, impatiente d'achever sa pièce pour les négociants du Lyonnais ; l'autre prête sa lumière à la machine à coudre, où la mère se hâte de piquer un lot de gants pour Grenoble.

Partout c'est le labeur utile, méticuleux, ne laissant rien perdre ; c'est l'activité fébrile d'un peuple passionné pour l'indépendance du « moi », d'un peuple de fourmis laborieuses, économes, pratiques, subtiles, entêtées et audacieuses.

Ce peuple-là se reconnait en M. Loubet. Il est heureux pour lui-même et pour la grande France, dont le nom n'éveille nulle part un amour aussi vif que sur cette frontière, où les sapins cachent des gueules de canon dans la montagne.

Le 25 janvier 1885, M. Loubet fut élu sénateur de la Drôme par 407 voix sur 757 votants et alla siéger au Luxembourg dans les rangs de la gauche républicaine. Silencieux au début, son labeur dans les commissions fut considérable. La meilleure preuve en est dans ce fait qu'il fut nommé en 1887 secrétaire du Sénat, qu'il fut chargé du rapport sur la demande de crédits en faveur des familles des victimes de l'incendie de l'Opéra-Comique et que, la même année, la commission du budget le nomma rapporteur général. Il avait fourni déjà un travail énorme : chargé de l'examen des projets d'intérêt local les plus délicats, il fit partie de la commission des chemins de fer et de la commission du budget en 1886 et engagea cette année-là un débat sur les marchés relatifs aux fournitures militaires.

Après la démission de M. Grévy, président de la République, et l'élection de M. Carnot, le nouveau président chargea M. Tirard du soin de former un cabinet ; M. Tirard prit le portefeuille des finances avec la présidence du Conseil. Les autres départements eurent pour chefs : la justice : M. Fallières (qui depuis a été élu président du Sénat, en remplacement de M. Loubet); l'intérieur : M. Sarrien ; l'instruction publique : M. Faye ; les affaires étrangères : M. Flourens ; la guerre : M. le général Logerot ; la marine et les colonies : M. de Mahy ; les travaux publics : M. LOUBET; l'agriculture : M. Viette ; le commerce et l'industrie : M. Dautresme.

Ainsi M. Loubet, sénateur de la Drôme, participait pour la première fois au Gouvernement. C'était une heure critique emplie de cruelles inquiétudes. Les affaires étaient partout arrêtées. L'hiver était d'une rigueur extrême.

Des menaces nous venaient de l'étranger. On avait violé le domicile du consul de France à Florence. M. de Bismarck nous menaçait dans ses discours. L'empereur Guillaume était mourant ; son fils Frédéric, dont le règne devait être si court, était malade à San Remo. On avait rompu les négociations du traité de commerce franco-italien.

Les débats de l'affaire Wilson continuaient pour aboutir aux scandales les plus odieux ; le boulangisme grandissait, prenait forme de parti politique. M. Thiébaud posait la candidature du général Boulanger dans quatre départements. Le 14 mars le général fut mis en non activité pour être venu quatre fois à Paris malgré la défense qui lui en avait été faite ; sa mise à la retraite d'office est du 27 mars. Le 25 mars, il était candidat dans les Ardennes, et il se présentait à l'élection qui devait avoir lieu le 15 avril dans le Nord. Il publia un manifeste dont la conclusion était contenue dans ces mots : dissolution de la Chambre ; revision de la Constitution. Ce document fit un bruit énorme.

Une discussion confuse s'engagea à la Chambre. La droite et l'extrême-gauche semblaient d'accord pour appuyer la prise en considération d'une proposition de loi tendant à la revision des lois constitutionnelles. M. Tirard était au Sénat ; on l'invita à venir aussitôt au palais Bourbon. Il accourut et se prononça contre la prise en considération qui fut votée par 268 voix contre 237.

Le premier ministère dont M. Loubet ait fait partie était ainsi renversé après trois mois et demi. C'est un laps trop court pour donner lieu à l'expression d'une pensée déterminée. Pourtant, comme ministre des travaux publics, M. Loubet prit la parole à plusieurs reprises dans la discussion du budget de son département ; il prit l'initiative du projet de loi destiné à sanctionner les propositions du conseil municipal de Paris pour l'épandage des eaux d'égout dans la plaine d'Achères ; il combattit la modification proposée au texte de l'article 1780 sur le contrat de louage ; il obtint diverses modifications au code de commerce ; il défendit la cause des employés des chemins de fer ; et partout, dans ses brèves interventions à la tribune, il se montra préoccupé d'assurer l'équilibre budgétaire.

Il est tout naturel d'ailleurs que son rôle particulier et son action se soient perdus dans le tumulte de ce temps troublé. Du moins il ne tint qu'à lui de conserver son portefeuille, car lorsque M. Floquet, le 2 avril, fut chargé par M. Carnot de constituer un cabinet, il sollicita le concours de M. Loubet, sur les conseils du président qui aimait beaucoup le sénateur de la Drôme. M. Loubet considéra que le vote de la Chambre, le 30 mars, était un acte de concession aux doctrines césariennes et, pour ne point paraître s'y associer même de loin, il refusa d'entrer dans le nouveau cabinet, qui paraissait céder sur quelques points aux théoriciens de la revision constitutionnelle.

M. Loubet avait trouvé au ministère un projet de loi tendant à autoriser l'émission d'obligations à lots au profit de la Compagnie de Panama. Il refusa de le présenter aux Chambres et maintint sa décision contre toutes les prières et les démarches de la Compagnie. Il eut pour successeur, M. Deluns Montaud.

De 1888 à 1892, M. Loubet prit au Sénat ce rôle de personnage agissant, dévoué, laborieux, compétent que sa nature active et son goût du travail lui rendaient si facile. Peu de discours. C'est dans les commissions que s'accomplit la véritable fonction législative, et M. Loubet fut élu président de la commission des finances en 1890, puis président de la commission des chemins de fer ; en ces qualités, il fit le rapport sur le projet d'allocation d'un secours de 1.500.000 francs aux inondés du Midi. Il rapporta le budget de 1892 ; réclama la refonte du barême des frais de justice ; donna son avis sur la loi relative à l'exercice de la médecine ; sur les modifications proposées dans l'organisation coloniale. Mutualiste convaincu, il prononça un important discours (Annales du Sénat 1892, tome II, p. 123) sur les sociétés de secours mutuels. Nous n'en reproduirons point d'extrait et nous n'en faisons point l'analyse. Mais voici ce qu'il faut noter de très précis dans l'ensemble des idées et des aspirations qui forment cette haute personne morale qu'est le président de la République française.

Que M. Loubet ait varié dans son opinion sur les contingences, cela est inévitable et nécessaire ; mais quant au fond de ses doctrines, de ses opinions politiques et sociales, il est demeuré ce qu'était un républicain sous le second empire — et c'est très beau.

Proudhon, Pierre Leroux, d'autres encore, mais

ceux-là les premiers, ont pétri ces cervelles superbes. Ils sont dans la tradition de 1789 ; ils croient à la puissance non seulement de l'énergie individuelle, mais de la bonne volonté des hommes pour accroître d'abord la richesse sociale, le bien-être de tous, pour assurer ensuite à chacun cette part minima des choses nécessaires à la vie qui est un droit, assurément, mais non un droit sur autrui. Ce sont des libéraux perfectionnés qui ne bornent plus leur idéal, comme les grands bourgeois de la Restauration et de la monarchie citoyenne, à exercer un contrôle étroit sur le pouvoir, à gouverner par eux-mêmes, à copier les institutions parlementaires anglaises, à constituer une très belle et très ouverte aristocratie de la richesse et du mérite. Le vent du siècle a passé sur eux. Ils ont entendu les plaintes de la foule. Ils ont compati aux souffrances des multitudes vouées au travail jadis servile ; mais ils ne consentiront jamais à aliéner la plus faible parcelle de l'indépendance individuelle à ces plans de société égalitaire qui sont le vieux communisme de Babœuf transformé. Le mutualisme leur apparaît comme le moyen de réaliser à la longue, par un processus logique, et par les seules forces de la conscience humaine élargie, en vertu des lois éternelles de l'évolution qui exige pour les créations durables des années et des siècles de patient labeur, un monde plus harmonieux et plus fraternel que le nôtre.

C'est la tradition républicaine des origines, c'est la façon dont les démocrates qui luttaient contre l'empire avaient compris leur devoir et l'avenir du pays. M. Loubet, avec tous ceux de son temps, s'en est tenu à ce concept ; et personne ne s'est donné plus de peine qu'il ne l'a fait pour en assurer l'application et le développement.

Nous n'ajouterons rien à ce que l'on sait de l'action politique de M. Loubet dans cette période, en disant qu'il vota au Sénat la condamnation du général Boulanger.

Le 2 octobre 1891, un pèlerinage français s'étant rendu à Rome, l'un des pèlerins, au cours d'une visite au tombeau de Victor-Emmanuel, écrivit dans le registre déposé à l'entrée, ces mots : *Vive le Pape-Roi !* Il fût arrêté immédiatement et l'incident donna lieu à des manifestations tumultueuses. C'était justement le jour où l'on inaugurait à Nice, sous la présidence de M. Rouvier, et en présence du célèbre député démocrate italien Cavalotti, la statue de Garibaldi. L'écho des scandales de Rome, où l'ambassade française fut assiégée par une foule en délire, ne permit pas d'entendre les paroles de concorde et de paix prononcées autour de la statue du héros niçois.

Le Gouvernement français invita les évêques à ne plus organiser d'aussi dangereux pèlerinages. Cette circulaire de M. Fallières, ministre des cultes, valut la fameuse réponse de M. Gouthe-Soulard, archevêque d'Aix. Des débats très vifs eurent lieu au Sénat, puis à la Chambre ; M. Constans était président du Conseil, en butte aux plus violentes attaques de la presse ;

l'incident Francis Laur énerva l'assemblée, et le 18 février 1895, toujours sur la question cléricale, le cabinet fut renversé.

Après plusieurs jours de pourparlers, M. Carnot confia à M. Loubet, pour lequel il professait une profonde estime, le soin de former un cabinet. Le sénateur de la Drôme prit le portefeuille de l'intérieur avec la présidence du Conseil ; il choisit pour collaborateurs : M. de Freycinet à la guerre ; M. Ribot aux affaires étrangères ; M. Rouvier, aux finances ; M. Léon Bourgeois, à l'instruction publique et aux beaux arts ; M. Ricard, à la justice et aux cultes ; M. Godefroy Cavaignac, à la marine ; M. Develle, à l'agriculture ; M. Jules Roche, au commerce ; M. Viette, aux travaux publics.

La déclaration du Gouvernement fut lue aux Chambres, le 3 mars. Nous croyons devoir en donner ici de larges extraits :

Nous demanderons aux fonctionnaires et à tous ceux qui détiennent une part de la puissance publique, d'être non seulement de fidèles observateurs de leurs devoirs envers l'État, mais des serviteurs sincères de l'État républicain.

Les rapports de l'Église avec l'Etat ont donné lieu à des incidents et à des débats où la complexité des questions posées n'a pas permis peut-être de faire une lumière suffisante. Voici les principes qui nous guideront sur ce point : nous ne croyons pas avoir mandat de préparer la séparation de l'Église et de l'État. Il n'y a pas dans cette Chambre, et nous ne croyons pas qu'il y ait dans le pays, une majorité pour l'accomplir. Notre devoir est donc de maintenir avec fermeté la législation concordataire. Le Concordat assure aux ministres des cultes une situation et des droits particuliers ; mais, en revanche, à quelque degré de la hiérarchie qu'ils appartiennent, il leur impose des obligations rigoureuses. Non seulement ils doivent, comme tous les citoyens, l'obéissance aux lois nationales, mais il leur est imposé en outre de se renfermer dans les fonctions de leur ministère et de se tenir absolument à l'écart des discussions et des luttes des partis.

Nous n'hésiterons pas à exiger de tous le respect de ces obligations. Nous croyons avoir en mains les pouvoirs suffisants pour y parvenir. S'il en était autrement, c'est au Parlement que nous demanderions les moyens d'action nécessaires pour résoudre les difficultés sur lesquelles il appartient à la représentation nationale de se prononcer souverainement.

Mais notre tâche ne doit pas se borner à conserver le patrimoine des lois votées et des réformes accomplies. Vous avez, depuis le commencement de la législature, réalisé des progrès que personne ne saurait contester. Vous avez mené à bien une œuvre importante et difficile, en donnant à la France un régime économique qui assure une plus efficace protection de l'agriculture et de l'industrie et la liberté des tarifs que, seul, le Parlement peut modifier.

Vous êtes saisis de projets concernant l'amélioration du sort des travailleurs. Nous vous demanderons de discuter notamment ceux qui concernent la réglementation du travail des enfants, des filles mineures et des femmes dans les établissements industriels ; le droit à l'indemnité due aux ouvriers victimes d'un accident dans leur travail ; l'arbitrage dans les différends entre ouvriers et patrons ; la loi sur l'hygiène et la sécurité des ateliers ; les caisses d'épargne ; la création d'une caisse nationale de retraites ouvrières ; la réforme du régime des boissons.

Messieurs, la volonté nationale a donné une telle force

à la République que ses adversaires semblent aujourd'hui résignés à l'accepter. Nous nous réjouissons du mouvement qui, en dehors des calculs intéressés des partis, porte vers elle les masses du suffrage universel, et nous nous efforcerons, par un large esprit de sagesse et de tolérance, de donner chaque jour davantage le sentiment que la République est pour tous une garantie de sécurité et de liberté.

Mais les évolutions des partis politiques ne sauraient nous faire abandonner aucun de nos principes.

Pour nous, la République n'est pas seulement une forme de gouvernement; elle représente l'ensemble des institutions nées de la Révolution française. Elle a pour condition d'existence la souveraineté du suffrage universel, toujours plus libre et plus éclairé, et l'indépendance absolue de la société civile; elle a pour but la répartition de plus en plus équitable des charges et des avantages communs, l'élévation progressive de tous à un degré croissant de bien-être matériel et moral.

Messieurs, ce n'est pas seulement pour le parti républicain que nous voulons gouverner ; c'est pour le pays tout entier; mais c'est avec le parti républicain, et par lui, que nous comptons réaliser ces idées qui forment un patrimoine traditionnel. Nous demandons à tous les républicains de s'unir à nous pour cette œuvre: leurs divisions en compromettraient le développement; leur union en assurera le triomphe et fondera définitivement la paix dans la République et la grandeur de la France dans le monde.

On remarquera dans ce document un ensemble d'idées qui en font plus qu'un programme ministériel ordinaire, un véritable exposé de principes; les devoirs des fonctionnaires envers l'Etat républicain; une notion très précise et sage de ce que doivent être les rapports de l'Eglise et de l'Etat ; un plan de lois protectrices du travail, dont plusieurs ont été votées : la loi sur le travail des femmes et des enfants dans les établissements industriels ; la loi sur la responsabilité des accidents du travail ; la loi sur l'arbitrage, ont été l'œuvre de ce cabinet.

Il l'a accomplie au milieu des plus terribles difficultés et d'une situation politique telle, qu'aucun ministère avant lui n'avait subi de pareils assauts de la fortune !

L'année 1892, pendant laquelle il a gouverné, fut, pour des raisons étrangères à son action et bien antérieures à lui, la plus fâcheuse peut-être de cette période décennale. Nous voulons expliquer M. Loubet à ceux qui ne le connaissent pas ; raconter non seulement du président ses actes d'aujourd'hui, son rôle, sa personne, son caractère, mais son passé, le processus de sa vie, les idées dont il a formé son être moral, la manière dont il s'est comporté dans les crises difficiles, de façon à présenter dans son ensemble le personnage historique.

On trouvera ailleurs, particulièrement dans les consciencieuses brochures si savamment documentées de M. Ch. Pierre-Geringer, le récit fidèle de l'action publique exercée par M. Loubet président; nous écrivons ici pour ses compatriotes dauphinois, pour les Français qui ne peuvent pas avoir présentes à la mémoire toutes les heures de cette longue vie, pour les étrangers qui voudraient étudier cette figure sympathique et vénérable, pour ceux qui pourraient être appelés à l'approcher ou à l'entendre: pour ceux qu'ont troublés les attaques furieuses des partis, un récit fidèle et un portrait que nous voudrions digne du modèle.

C'est ici le premier point culminant de cette carrière. M. Loubet est appelé à l'action directe. Il importe de conter sommairement mais exactement ce qu'il fit.

CHAPITRE CINQUIÈME

Sept jours après l'installation de M. Loubet au ministère de l'intérieur, le fameux attentat commis par Ravachol, le premier d'une sinistre série, jeta la consternation dans le pays. Une explosion de dynamite ébranlait la maison portant le n° 136 du boulevard Saint-Germain ; M. Benoit, conseiller à la cour d'appel, qui avait présidé la session des assises où furent jugés les anarchistes de Levallois-Perret, habitait cette maison, et c'était lui que visait le célèbre bandit. La semaine suivante, une cartouche de dynamite, placée sur le rebord d'une fenêtre de la caserne Lobau, fit explosion, sans blesser personne. Mais il n'en fut pas de même quand une bombe fit sauter la maison située au n° 39 de la rue de Clichy. Ravachol fut arrêté ce même jour sur la dénonciation de Lherot, garçon restaurateur ; il passa en cour d'assises le 26 avril et le restaurant Véry fut mis en pièces le 25 par une formidable explosion de dynamite.

Ainsi débutait la folie des bombes, cette horrible maladie mentale qui faillit déséquilibrer tous les cerveaux, exalter les ardents jusqu'au crime, abaisser les timides jusqu'aux pires lâchetés, compromettre la République et la liberté, et qui devait finir deux ans plus tard par l'assassinat du président Carnot, victime propitiatoire, puisque son sang semble nous avoir rédimés de ce fléau sans nom.

Cependant, d'une autre part, le ministère Loubet obtenait un succès des plus consolants. Toutes les villes de France, sauf Paris, procédaient, le 1ᵉʳ mai, au renouvellement de leurs conseils municipaux. On sait combien ces élections furent favorables aux républicains. Les conservateurs perdirent la majorité dans presque toutes les villes de quelque importance où ils l'avaient conservée jusque-là. Aux premiers jours de son installation, M. Loubet, interpellé à la Chambre au sujet de l'attitude du Gouvernement vis-à-vis du clergé, avait prononcé un de ses meilleurs discours, paraphrase brillante de la déclaration ministérielle.

Le clergé s'agitait beaucoup. Les abbés politiciens faisaient des discours dans les églises. Un jésuite anglais, prêchant à la Madeleine, avait déclaré que la caserne est un lieu de corruption et de perdition pour les jeunes gens. Le jésuite fut expulsé. Les scènes regrettables dont quelques églises de Paris avaient été le théâtre cessèrent immédiatement. M. Loubet obtint du pape un ordre invitant les évêques, qui avaient inséré dans leurs catéchismes certains chapitres sur les devoirs électoraux, à les supprimer.

Au mois de juin, le président Carnot étant allé présider à Nancy de splendides fêtes universitaires, le grand duc Constantin de Russie, qui se trouvait à Contrexéville, alla le saluer et assista à la revue des troupes de la garnison, qui fut un spectacle splendide bien fait pour exalter la foi patriotique de nos populations de l'Est. C'était la première de ces manifestations qui allaient marquer, pour le souvenir des générations, les étapes de l'alliance franco-russe, le prologue de ces quatre actes inoubliables : Toulon, Cronstadt, Paris, Peterhof.

La campagne du Dahomey venait de s'ouvrir. Le ministère Loubet demanda aux Chambres, le 11 avril, un crédit provisoire de trois millions qui fut accordé après une vive discussion où l'on rappela les conflits de l'année précédente entre la flotte et l'armée de terre. M. Cavaignac, ministre de la marine, donna sa démission, parce qu'il refusa d'admettre que l'expédition fût confiée à un seul chef, et M. Burdeau fut nommé à sa place.

Le Gouvernement désigna le colonel d'infanterie de marine Dodds pour le commandement du corps expéditionnaire. Dodds quitta Kotonou au mois d'août avec sa petite armée. Nous n'avons pas à raconter l'expédition nous bornant à rappeler que la prise d'Abomey est du 17 novembre et que, par conséquent, c'est sous le gouvernement de M. Loubet que cette belle colonie fut acquise à la République française, qui en a fait depuis son débouché le plus important entre le Niger et le golfe de Benin.

Rappelons également un acte dont l'actualité est immédiate. Vers le mois de mars 1892, quelques propositions officieuses furent faites par l'empereur allemand aux États de l'empire pour connaître leur avis sur l'ouverture d'une exposition universelle à Berlin en 1900. On savait que la France tenait à terminer à la même date le cycle des expositions à Paris. Sur la proposition de M. Deloncle, acceptée par M. Loubet, la Chambre invita le Gouvernement à prendre les devants. La déclaration officielle qu'une exposition universelle s'ouvrirait à Paris en 1900, fut signée aussitôt par M. Carnot, président de la République.

Cette période de l'été de 1892, fut marquée par les progrès de l'antisémitisme auquel, par un aveuglement qu'ils ont plus tard regretté, les socialistes donnèrent une sorte d'appui politique, sans aller jusqu'à l'adhésion absolue. L'antisémitisme était, il faut bien le dire, un des symptômes du malaise moral dont la France était atteinte en ces années étranges. Les catastrophes financières, sans créer un réel état de misère, avaient aigri beaucoup d'esprits. Des bouleversements économiques, résultant de l'inévitable et féconde concentration des capitaux (non pas en peu de mains, mais en quelque rares entreprises), une fièvre religieuse créée par l'intensité du mouvement philosophique, des aspirations socialistes et humanitaires dignes d'attention, l'ardeur des controverses, l'excitation des cerveaux, dans les milieux lettrés, par l'influence de la philosophie allemande et de la puissante littérature russe, un désir extrême de l'action chez des générations bornées de toutes parts dans le cadre trop rigide des lois et des mœurs, mille autres causes troublaient les foules.

Le mal venait de haut ; la petite bourgeoisie, qui l'éprouvait sans trop le comprendre, s'en prit aux juifs très volontiers. M. Drumont, avec son talent un peu grossier, mais puissant, dans ses livres d'une ordonnance saisissante, habile à déformer les réalités pour les mieux présenter au gré de ses conclusions, eut sur les foules une action considérable. Il menait contre M. Burdeau une campagne violente, qui aboutit à un procès en cour d'assises, où le journaliste fut condamné.

Les duels Morès Crémieu-Foa sont de la même période. M. Crémieu-Foa fut mortellement blessé, on le sait.

Le centenaire de la proclamation de la première République fut fêté à Paris le 22 septembre avec un éclat extraordinaire. Le matin, M. Carnot présida au Panthéon une imposante et splendide cérémonie où M. Loubet prit la parole. Deux cortèges symboliques, d'une composition vraiment grandiose, parcoururent Paris l'après-midi au milieu d'une foule immense. Ils figuraient les idées républicaines et les scènes principales de l'histoire de la Révolution.

Cependant, une grève avait éclaté au mois d'août à Carmaux. M. le baron Reille, aujourd'hui décédé, était président du conseil d'administration des mines ; M. de Solages, son gendre, était député de la circonscription et maire de Carmaux avant les élections de mai. Une campagne socialiste très vive fit entrer au conseil municipal une majorité ouvrière, qui désigna pour maire M. Calvignac, mineur au service de la compagnie. Celui-ci demanda deux jours de congé par semaine pour s'occuper des affaires de la mairie. Le directeur des mines, M. Humblot, les lui refusa. Comme M. Calvignac se vit obligé de s'absenter tout de même, la direction lui notifia son renvoi. Cet acte souleva l'indignation des ouvriers, qui réclamèrent la réintégration de leur élu, envahirent la maison de M. Humblot et l'obligèrent à donner sa démission, qui fut refusée par M. le baron Reille. Le renvoi de M. Calvignac fut maintenu et la compagnie mit à pied plusieurs ouvriers considérés comme des meneurs. C'est sur ces incidents que la grève éclata.

Les verriers de Carmaux et les métallurgistes de la région soutinrent de leurs dons leurs camarades de la mine. Le Gouvernement envoya des troupes pour assurer le maintien de l'ordre et il s'efforça de trouver un terrain de conciliation. On put craindre un conflit sanglant qui fut écarté par la sagesse des ordres venus du ministère de l'intérieur. Les incidents inévitables dans une grève de cette nature se réduisirent, en somme, à peu de chose.

L'Assemblée nationale a marqué nettement, dans la journée du 18 février, son désir de réaliser l'apaisement des esprits et de rétablir la paix dans l'union de tous les républicains.

Passionnément attaché aux principes de la Révolution française et au régime de liberté, j'aurai pour préoccupation constante d'aider le Parlement dans cette œuvre nécessaire de tolérance et de concorde.

Au cours des difficultés passagères que nous avons traversées, la France par le sang-froid la dignité et le patriotisme du Parlement a grandi dans l'estime du monde. Pourquoi ne pas espérer que la même entente pourrait s'établir sur nos affaires intérieures?

Cette entente n'existe-t-elle pas dans le pays? N'est-il le moindre doute sur la nécessité de

Un Fragment du Message

La rentrée des Chambres, en octobre, coïncida avec la période aiguë du conflit. M. Dupuy-Dutemps interpella M. Loubet, qui répondit en regrettant de n'avoir pas à sa disposition une loi qui édictât l'arbitrage obligatoire. Le baron Reille déclara qu'il n'y avait eu aucun motif politique à la révocation de M. Calvignac ; mais la Chambre lui témoigna une telle hostilité, qu'il déclara s'en remettre à l'arbitrage de M. Loubet, président du conseil.

M. Loubet rendit sa sentence le 26 octobre. Il ordonnait la réintégration de M. Calvignac. Tous les ouvriers seraient également repris, à l'exception de quelques-uns d'entre eux que le tribunal d'Albi avait condamnés à des peines diverses pour violation du domicile de M. Humblot. Il y eut un instant d'hésitation. Les têtes étaient très montées. Les ouvriers allaient refuser le bénéfice de cet arbitrage, en exigeant la réintégration pour tous. MM. Millerand, Pelletan et Clemenceau s'interposèrent. M. Loubet promit de grâcier tous les condamnés et fit signer immédiatement les décrets. Les trois leaders partirent pour Carmaux afin de notifier aux ouvriers cette décision et le travail fut repris le 31 octobre 1892.

Ainsi M. Loubet avait l'honneur insigne d'appliquer, pour la première fois, par sa seule initiative et par l'ascendant de son caractère et de sa haute probité, cette théorie de l'arbitrage qu'il allait faire passer dans la loi et dont le principe, entré dans nos mœurs, est tout à l'honneur de la République.

Au moment même où la France démocratique se réjouissait de cet heureux résultat, Paris fut bouleversé de nouveau par un attentat anarchiste épouvantable.

Emile Henry, que l'on ne connaissait pas alors, jeune esprit égaré jusqu'au crime par la maladie morale dont nous avons parlé, déposait, le 8 novembre, dans l'escalier d'une maison de l'avenue de l'Opéra, où sont situés les bureaux de la compagnie de Carmaux, une marmite à renversement. L'engin fut découvert par un employé qui avertit des agents de police. Ceux-ci portèrent la redoutable marmite au commissariat de la rue des Bons-Enfants, près du Palais-Royal. Là, elle fit explosion avec fracas, tuant et blessant mortellement les cinq agents du poste. L'émotion fut si grande dans Paris, que l'opinion publique réclama immédiatement des mesures de répression contre une certaine presse que l'on rendait moralement responsable de cette triste série d'actes criminels.

Le Gouvernement déposa sur le bureau de la Chambre un projet de loi qui paraissait plus inquiétant pour la liberté qu'il ne l'a été à l'usage. Il s'agissait d'ajouter, à la loi de 1881 sur la presse, certains articles punissant l'excitation au pillage, au vol, au meurtre, à la désertion. Il n'a point paru que la presse en eût été atteinte ; et peut-être, si l'on s'en était tenu aux termes de cette loi sans l'aggraver jamais, la violence des passions d'alors n'en eût-elle pas été accrue.

Au cours de la discussion qui s'éleva à la Chambre,

un député, M. Ernest Roche, prononça un discours d'une violence extrême, dans lequel il prit à partie les républicains coupables, selon lui, d'avoir fait « du prolétariat un marchepied pour s'élever au pouvoir. » M. Loubet prit la parole pour défendre son projet de loi. Il avait compris que, dans les graves circonstances que l'on traversait, l'essentiel était de prouver la réalité du progrès nié par les partis exaltés, de ramener les esprits à la conception républicaine faite toute entière d'aspiration vers la justice et d'acceptation du devoir social. Et les paroles qu'il prononça ce jour-là résument toute la foi de sa vie :

« Je suis ici, dit-il, pour remplir mon devoir. Je le ferai avec une conscience et une bonne foi dont je ne permets à personne de douter. Je réponds à M. Roche : Vous calomniez votre pays. Regardez ce qui se passe en Europe et dans le monde entier, et vous serez obligé de convenir avec moi que notre pays peut supporter la comparaison avec tous sans désavantage.

Où les salaires sont-ils plus élevés qu'en France ? On a établi la comparaison avec l'Angleterre, la Belgique, l'Allemagne. Les résultats contenus dans les rapports de nos agents à l'étranger établissent nettement la supériorité en notre faveur. Est-il donc vrai que la société française ne se soit pas intéressée à la situation des ouvriers ? M. Roche vous a dit : « On n'a rien fait pour les classes laborieuses. On a tout promis au peuple, on ne lui a rien donné. Le parti républicain a laissé protester ses promesses. Les bourgeois se sont servis, pour fonder la République, de promesses fallacieuses qu'ils ne tiennent pas ». Eh bien, je vous le demande, sont-ce des paroles françaises que vous apportez ici ? Ne croyez-vous pas que vous calomniez votre

pays tout entier ? N'est-ce donc rien que d'avoir donné
l'instruction primaire gratuite pour tous les citoyens ; que
d'avoir développé les institutions de bienfaisance ; d'avoir
réglementé le travail dans les manufactures ; d'avoir voté
la loi de 1874 sur la protection des enfants, la loi sur l'enfance abandonnée ? Ne savez-vous pas qu'à l'heure actuelle
il ne reste plus que deux départements qui se soient refusés
à voter les fonds nécessaires à l'application de cette dernière loi ? N'est-ce donc rien, ce projet de loi pour l'assistance publique et l'hospitalisation dans les départements et
les communes ? (Votée depuis lors).

Voix à gauche. — Et la loi sur les syndicats ? Et la
liberté de la presse !

M. Loubet. — J'estime que le parti qui est chargé depuis
quinze ans de la direction des affaires du pays peut être fier
du chemin parcouru. La France jouit de la liberté la plus
complète qui ait jamais existé à aucune époque ni dans
aucun pays. Et vous venez nous parler de diviser ce pays
en catégories ennemies les unes des autres ? Dites plutôt
qu'il y a chez nous un sentiment de solidarité plus profond
que partout ailleurs, qui fait battre les cœurs à l'unisson et
qui éclaterait demain, plus puissant que jamais, si la nécessité s'en affirmait aux yeux de la France (*Vifs applaudissements*).

M. Maujan. — Le parti républicain a refait la Patrie ;
vous pouvez le dire hautement.

M. Loubet. — J'allais le dire. Oui, le parti républicain
a refait la France, mais nous n'avons pas terminé notre
œuvre. Qui donc peut dire que l'œuvre est achevée ? Est-ce
que le progrès n'est pas de tous les instants ? Des générations viendront après nous qui réaliseront de nouveaux
progrès, et auront certainement à surmonter des difficultés
nouvelles. A chaque jour suffit sa tâche, et, pour l'accomplir, il faut céder aux inspirations du patriotisme ; mais ce
qu'il ne faut pas faire, c'est de promettre aux masses encore
insuffisamment éclairées des choses que personne ne peut

tenir. Le premier de tous les devoirs qui incombent non seulement à ceux qui ont la responsabilité du pouvoir, mais à tous ceux qui sont investis de fonctions législatives, c'est de dire au peuple la vérité.

Le ministère Loubet soutenait quelques jours après devant les Chambres une loi qui démontrait la réalité de ce progrès, lent peut-être, mais sûr, auquel le président du conseil avait fait allusion. Les articles 23 et 24 du Code pénal recevaient une modification portant que, dans le cas de condamnation à une peine privative de la liberté, la durée de la détention préventive devait être déduite de celle de la peine.

Ernest Renan était mort le 3 octobre 1892. M. Loubet fit décider que les obsèques du célèbre philosophe seraient célébrées aux frais de l'État et déposa un projet de loi portant que les honneurs du Panthéon lui seraient rendus en même temps qu'aux cendres de Quinet et de Michelet.

Arrivons maintenant au scandale du Panama en tant qu'il a préoccupé le ministère dont M. Loubet faisait partie. Une instruction judiciaire avait été ouverte au mois de juin 1891, sur une pétition adressée aux Chambres par un certain nombre d'actionnaires et d'obligataires de l'entreprise. Le 5 janvier 1892, un ordre du jour de M. Saint-Germain, voté par la Chambre, invitait le Gouvernement — c'était alors le ministère Freycinet — à exercer une répression énergique et rapide. Les choses traînèrent jusqu'au mois de novembre, au milieu d'un tumulte dont le souvenir est encore présent à tous les esprits. M. Pontois fit voter un projet de loi qui supprimait la juridiction de la première chambre de la Cour d'appel, à laquelle M. Ferdinand de Lesseps avait droit comme grand officier de la Légion d'honneur. Ce privilège entraînait l'obligation de faire juger par la même Chambre tous ses coaccusés. Le Sénat ne s'occupa point de ce projet, qui n'avait que le caractère d'une indication ; mais le Gouvernement annonça que les cinq administrateurs du Panama seraient poursuivis devant la première chambre ; il fut aussi convenu que M. Ferdinand de Lesseps, atteint de paralysie générale, ne comparaîtrait point.

Le 19 novembre, M. Floquet, président de la Chambre, fit une déclaration devenue célèbre en réponse aux accusations que l'on portait contre lui. Le 20 novembre, le baron de Reinach, désigné depuis quelques jours comme ayant été le grand agent de la corruption parlementaire présumée, et qui avait en réalité reçu de fortes sommes, mourrait subitement. Le 21, M. Delahaye interpella le Gouvernement ; il accusa, au milieu d'un tumulte effrayant, le baron de Reinach, Arton, Cornélius Herz, M. Barbe, alors décédé, M. Sans-Leroy et, sommé de produire des preuves, il répondit que le moyen de tout savoir était de nommer une commission d'enquête. La Chambre adopta ces vues. La commission de 33 membres fut nommé le 22 novembre. Elle élut pour son président, l'honorable, le ferme républicain qu'est M. Henri Brisson.

On peut dire que dans cette circonstance trois juridictions fonctionnaient à la fois. La Justice était en action ; la commission parlementaire faisait son enquête ; la presse retentissait de dénonciations.

La commission d'enquête demanda d'abord la communication du dossier judiciaire, ensuite l'autopsie du corps du baron de Reinach. M. Delahaye avertit la commission que les talons des chèques émis par de Reinach devaient se trouver à la banque Thierrée. A la Chambre, on demanda que les pouvoirs du juge d'instruction fussent attribués à la commission d'enquête. M. Loubet s'opposa à l'urgence.

Le 28 novembre, M. de la Ferronnays questionna le garde des sceaux, M. Ricard, sur les circonstances qui avaient accompagné la mort de M. de Reinach. M. Ricard répondit que le procureur général avait jugé l'autopsie inutile, parce que le médecin de l'état civil avait déclaré que la mort était naturelle ; et que l'on n'avait pas apposé les scellés parce que M. de Reinach était mort avant d'avoir été cité en justice. A ce moment, les esprits étaient dans un tel état de surexcitation que toute résistance, même au nom de la raison et de la légalité, était inutile. La commission persistait à demander l'autopsie. Le Gouvernement réclamait l'ordre du jour pur et simple, qui fut repoussé par 304 voix contre 219. M. Loubet et les ministres donnèrent leur démission le soir même.

M. Brisson, que M. Carnot avait chargé de constituer un cabinet, n'y put parvenir malgré de longs pourparlers. Le 4 décembre seulement, fut enfin constitué le ministère Ribot, dans lequel M. Loubet conservait le portefeuille de l'intérieur. Le nouveau ministère était ainsi composé : présidence du conseil et affaires étrangères, M. Ribot ; intérieur, M. Loubet ; justice, M. Léon Bourgeois ; finances, M. Rouvier ; guerre, M. de Freycinet ; marine, M. Burdeau ; instruction publique, M. Ch. Dupuy ; travaux publics, M. Viette ; commerce, M. Siegfried ; agriculture, M. Develle ; colonies, M. Jamais. — Le scandale continuait : on saisit les chèques Reinach à la banque Thierrée. Le dossier judiciaire fut communiqué à la commission d'enquête ; l'autopsie du baron de Reinach eut lieu et ne produisit aucun résultat ; M. Rouvier, accusé d'avoir été voir le baron de Reinach, en compagnie de M. Clemenceau, donna sa démission et fut remplacé par M. Tirard. La proposition tendant à conférer les pouvoirs judiciaires à la Commission d'enquête fut repoussée à dix voix de majorité sur les instances de M. Bourgeois ; les administrateurs du Panama furent arrêtés et incarcérés, les poursuites autorisées contre les membres du Parlement bénéficiaires des chèques, ce qui amena la fameuse défense de M. Rouvier.

Au milieu de ces événements, le ministère était fort divisé. En janvier, M. Loubet donnait sa démission, en même temps que M. de Freycinet.

Tels sont, en une rapide énumération, les événements auxquels il fut mêlé. Ni avant, ni après il n'eut aucune responsabilité dans le Panama. La catastrophe n'était son fait à aucun degré. Si des malhonnêtetés s'étaient commises, il n'y avait point participé, et ce sera peut-être le phénomène le plus étonnant de cette affaire, abondante en extravagances, que l'on ait pu faire de ce mot : « Panama » une injure à l'adresse de l'homme qui, dans l'égarement de tant de raisons, s'était simplement efforcé de conserver quelque sang-froid. Examinons cependant ce que l'on a dit de son rôle en cette circonstance :

Le seul reproche en qui se résument les trois cents pages du livre de M. Quesnay de Beaurepaire est celui-ci : le jour où M. Quesnay de Beaurepaire, procureur général, prépara les citations à comparaître ou les mandats d'amener contre les personnages compromis dans l'affaire du Panama, ce jour se trouvait être le dernier avant l'ouverture de la prescription. Or, il avait averti le président du conseil qu'il lui présenterait la liste des inculpés. Il lui demanda une audience pour conférer, et, comme le temps pressait, il partit en voiture, suivi de fiacres qui amenaient les huissiers, afin de pouvoir lancer ses assignations avant la chute de ce jour ; mais il ne parvint pas à rejoindre le président du conseil, et la prescription fut acquise.

Voilà le grief. Il suffit de l'énoncer pour prêter à rire. Ce procureur n'était donc informé que depuis la veille au soir seulement ? Point. Il avait en mains, depuis plusieurs mois, les plaintes sur lesquelles était basée sa procédure ; il avait même commencé par conclure à des poursuites et continué par une rétractation de sa première opinion. A un mois d'intervalle, il déclara qu'il s'était trompé, que les poursuites seraient illégales et qu'il convenait de les abandonner. Puis, au dernier moment, nouveau retour sur lui-même ; il décida, dans son for intérieur, que le plus impérieux devoir l'obligeait à traîner les administrateurs du Panama devant les juges.

C'est donc dans la troisième phase de cet état d'âme que le procureur, personnage étrange, attendait de M. Loubet, président du conseil et de M. Ricard, garde des sceaux, un signe pour marcher. Il ne rencontra pas M. Loubet au ministère. M. de Beaurepaire, qui avait disposé de trois mois pour agir, s'étonna qu'à la dernière heure de cette longue période, son chef ne fût pas tout prêt à lui fournir le moyen de faire son devoir. Et c'est pour cela qu'une campagne de presse très violente a été menée la veille de l'élection présidentielle et depuis cette élection. C'est pour cela qu'une multitude de gens, dont pas un ne s'est donné la peine de regarder au fond des choses, hurlait contre un tel honnête homme : « Panama ! Panama ! » A les ouïr, un pauvre diable ignorant de tout ce qui constitue l'histoire de ces dix dernières années, aurait pu se demander si le citoyen que l'Assemblée nationale a investi de la première magistrature de la République, n'avait pas mis dans sa poche tout ou partie des *seize cents millions* engloutis en l'entreprise déplorable ! Non, bonhomme : pas un sou... Tout son crime serait de n'avoir pas été présent, chez lui, un soir de novembre 1892, pour recevoir un procureur dont les tergiversations, depuis trois mois, étaient des plus obscures.

Le procureur affirme que, faute d'avoir rencontré le président du conseil avant la fin de la nuit, les assignations tombaient et avec elles se fermait la prescription. Mais il est de jurisprudence constante que les assignations peuvent être notifiées, même pendant la nuit. Un grand nombre d'arrêts de la Cour de cassation — que nous ne citerons pas ici, mais que le moindre avocat connaît — en font foi. Or, la prescription s'ouvrait le lendemain seulement.

Plus tard, quand les événements de cette triste époque pourront être racontés, il sera facile de démontrer, à l'aide de cet argument et de plusieurs autres plus graves encore, que, dans ce moment-là, M. Quesnay de Beaurepaire jouait un jeu singulier.

En droit, il n'y avait pas plus de raisons de poursuivre, en même temps, les administrateurs du Panama, le baron de Reinach, qu'il n'y en pouvait avoir de déférer à la justice M. Hugo Oberndorffer ou tel autre adjudicataire à grande part. M. de Beaurepaire prenait sur lui de comprendre le baron de Reinach dans les poursuites, et nous ne nous en étonnons point ; mais il faut constater que, sans sortir du droit, de la légalité, de la raison, il aurait pu ne pas le faire. Or, à l'heure même où il agissait de la sorte, ce procureur général adressait à M. Joseph Reinach, gendre et neveu du baron, une lettre conçue en termes très amicaux, que

*

le *Figaro* a publiée, que tout le monde connaît, et par laquelle il annonçait à l'ancien député des Basses-Alpes les poursuites dont son beau-père allait être l'objet. Que dire de ce procureur général trahissant, au bénéfice de l'inculpé, le secret indispensable de la procédure qu'il entame ?

Mais il y a mieux : sous le ministère de Freycinet, M. Fallières, garde des sceaux, à la suite d'une interpellation de M. de Saint-Germain, donna au procureur général l'ordre d'ouvrir une instruction. M. de Beaurepaire obéit et signait, le 11 juin 1891, le réquisitoire introductif dont la seule action suffisait à interrompre la prescription décennale. Or, ce jour-là, volontairement ou par ignorance, le procureur général du premier siège de France oublia dans sa procédure un détail qu'il serait trop long d'exposer, dont l'absence devait rendre, à partir de ce jour, l'instruction, les débats, les jugements radicalement nuls ! De sorte que, par la faute, consciente ou non, de cet accusateur public, tout ce qui se fit, les arrestations des cinq administrateurs du Panama, les enquêtes, les procédures, les débats, les arrêts, viciés à l'origine, n'étaient que du vent.

En septembre, M. de Beaurepaire rédigeait son rapport concluant aux poursuites ; le 10 octobre, il les abandonnait, jugeant qu'il faisait fausse route. Le 4 novembre, il se décidait à les reprendre. Le 9 février, la Cour d'appel de Paris condamnait tous les inculpés. Trois mois après, la Cour de cassation annulait toute la poursuite, en raison de l'illégalité commise à l'origine ; les hommes responsables étaient remis en liberté, et tout l'effort d'un peuple exaspéré pour obtenir justice s'évanouissait en fumée.

Le magistrat responsable d'un pareil résultat peut-il être entendu quand il accuse ; et la plus élémentaire pudeur ne lui faisait-elle pas un devoir de se taire sur un pareil sujet ?

Le scandale du Panama n'était point purement judiciaire. Les partis essayaient de l'exploiter contre les hommes au pouvoir et contre les institutions. On voulait résolûment détourner l'attention publique du vaste krach où l'épargne française avait été engloutie. Les responsables, sûrs d'étonner le public par la dénonciation de M. Baïhaut, escomptaient l'effet d'une accusation plus vaste encore, pesant sur quiconque avait joué un rôle politique depuis 1888. — Pour cela, il fallait changer les bases de l'affaire, la présenter au public comme un scandale politique, laisser de côté les erreurs de la direction, ses marchés onéreux, tout ce qui avait ruiné le pays, pour présenter les organisateurs de l'affaire comme de pauvres gens victimes des politiciens corrompus. C'est, en effet, sous cette apparence, que les journaux discutaient la question du Panama ; et le public, avide de cancans et d'émotions vives, suivait avec un aveuglement inouï.

M. Carnot sentait venir l'orage. Il avait montré — comme M. Loubet — la plus vive méfiance à l'égard du projet. Il avait évité tout contact avec l'entreprise. Les grands établissements de crédit, des sociétés industrielles et de riches particuliers faisaient souvent passer leurs aumônes annuelles par les mains de Mme Carnot, parce que les suppliques des malheureux s'adressent en grand nombre à l'Élysée. La Compagnie du Panama ayant sollicité l'honneur de verser ses dons dans cette caisse des pauvres, M. Carnot refusa de rien recevoir.

Au moment de la débâcle, il comprit le caractère que les partis tentaient d'attribuer à la liquidation de l'Affaire, le danger qu'un si formidable chantage allait faire courir à la République. Il eut à ce sujet de longs et graves entretiens avec le président du conseil. Il lui fit partager ses angoisses patriotiques. Il lui montra, dans l'âpre curée des journaux et des partis, un vaste chantage contre l'honneur même de la démocratie.

L'homme qui, étant ministre des travaux publics en 1887, avait refusé de proposer au Parlement les plans de la Compagnie de Panama, accomplissait un devoir difficile ; il allait prudemment parmi les écueils ; et, pour éclairer, en un trouble si grand, sa propre conscience, il se guidait sur la lumière de cette conscience très droite et très pure que fut celle du président Carnot.

Tous deux, le président de la République et le ministre, étaient bien certains de n'avoir, pour agir avec une prudence extrême, d'autres raisons que des raisons politiques. Nul ne les invoquait alors, parce que nul n'était de sang-froid. On peut les donner aujourd'hui et se faire entendre. La justice veut que le juge n'ait ni haine, ni crainte, qu'il voie froidement le cas soumis à son appréciation ; qu'il ne subisse ni les pressions du dehors, ni les émotions de sa propre conscience. Où était alors le juge capable de répondre à ces définitions ? Au dehors, la meute aboyante des journaux demandait des proies. Les prétendues révélations se succédaient, ajoutant chaque jour au trouble des esprits. La foule, excitée, s'apprêtait à exiger un exemplaire châtiment contre des actes qu'elle ne pouvait pas apprécier. Elle ne définissait ni les faits réels, ni les responsabilités. On criait : Au voleur ! elle courait, ayant été volée, en somme.

Des hommes qui avaient vu s'accumuler des ruines et des désespoirs, se sentaient prêts à toutes les vengeances. Une dénonciation, si sotte, si ridicule qu'elle fût, devait perdre celui qui en était l'objet. Les partis qui sonnaient l'hallali comptaient bien englober le Parlement, le ministère, la République elle-même dans cette débâcle de toutes les réputations, dans ce naufrage de tant de vies intactes. Or, qu'existait-il, en somme, contre ceux que l'on accusait ? M. Carnot ne l'ignorait pas ; il n'y avait rien, ni une preuve, ni une apparence suffisante de culpabilité. Mais, en fallait-il alors des preuves, pour broyer ceux dont le nom, le nom seul, eût été jeté en pâture aux colères publiques ?

Il ne faut pas oublier que les juges, que le jury, juridiction populaire, ont eu à effectuer l'analyse de cette affaire comme on fait le lavage de l'or. Les administra-, teurs du Panama ont été condamnés ; les parlementaires accusés — une poignée d'hommes — acquittés par le jury, M. Arton frappé, non pour le crime de corruption, mais pour avoir fait usage de sommes qui ne lui appartenaient pas. La vérité légale peut n'être point toute la vérité, elle en est la face la plus logique et la plus sûre.

Ce que le jury n'a point fait, faute de preuves, on eût voulu que le ministère l'accomplît avant tous débats. Il n'y songea point, et c'est à cause de cette sagesse que l'injure a débordé à flots. Le jour où l'on a liquidé les prétendus concussions des parlementaires, on a vu traîner devant la Cour d'assises cinq à six hommes à propos desquels il y aurait mille choses à dire, pour montrer combien la calomnie choisissait mal ses victimes. Parmi eux, un pauvre diable d'homme dont personne n'avait jamais soupçonné la probité, un concussionnaire que l'on n'avait jamais vu autrement que pauvre à faire pitié, dont les appointements étaient saisis et qui traîna à la Cour d'assises des souliers éculés et la réputation d'une vie de misère, consacrée à la cause du peuple. Oui, c'est à cette liquidation suprême qu'il faut en revenir pour juger ce formidable chantage du Panama parlementaire.

Les violences de ce temps sont des leçons profondes pour les hommes politiques. Il faut avoir commis quelques jugements hâtifs de cette sorte, et les avoir pesés après coup, pour acquérir la sûreté de raisonnement qui fait l'individu complet. L'histoire les pardonne, parce qu'elle les oublie. Le mérite de leurs auteurs est de ne pas se les pardonner à eux-mêmes.

On peut affirmer que M. Loubet reprit avec satisfaction son siège de sénateur. Il venait d'opposer à la poussée d'un mouvement irrésistible le front d'un homme que guide une haute vision de légalité et de raison. Il rentra dans son petit appartement de la rue de Seine et se remit aux labeurs législatifs, aux études fécondes et austères qui avaient fait la joie et l'honneur de sa carrière. Les questions douanières étaient à ce moment les plus graves dont l'opinion et le Parlement fussent saisis. M. Loubet qui avait eu l'occasion, comme président du conseil, d'intervenir à la tribune de la Chambre dans les débats relatifs à l'établissement des tarifs et qui, notamment, s'était efforcé, sans y parvenir, de faire voter la convention commerciale avec la Suisse, fut élu, en 1893, président de la commission des douanes au Sénat, en remplacement de Jules Ferry, que la haute assemblée venait d'appeler au fauteuil.

Le 13 mars de cette même année, M. Loubet prononça un important discours sur le projet de loi organisant l'assistance médicale gratuite dans les communes, et le 14 mars, aux applaudissements du Sénat, il répondit à l'accusation de M. Cottu par un démenti qui n'a jamais été relevé et ne pouvait l'être.

Il était vice-président de la commission des

finances ; il en devint président après la mort de M. Tirard, son ami, de sorte que sa compétence et son amour du travail lui faisaient au Sénat une situation prépondérante, les plus importantes affaires devant passer par ses mains. A cette date, il accumule les fonctions gratuites les plus hautes qui se puissent imaginer — abstraction faite de l'indemnité sénatoriale. Il est maire de Montélimar, président du conseil général de la Drôme, président de la commission des douanes, président de la commission du budget au Sénat, c'est-à-dire qu'il absorbe des besognes et des responsabilités sans éclat, sans rémunération, mais si considérables et si lourdes, qu'une seule suffirait à remplir la vie d'un citoyen.

Réélu en 1894, M. Loubet reprend ses fonctions à la tête de la commission des finances, sans compter les commissions particulières dans lesquelles il joue un rôle important.

En 1895, au cours de la discussion du budget, il prononce un discours où se peignent, avec une saisissante clarté, ses préoccupations, ses croyances politiques et la tendance de son esprit tout imprégné de réalités positives, tout entier absorbé par les soucis essentiels de l'équilibre budgétaire et de la sagesse économique. On ne connaîtrait pas M. Loubet si l'on ignorait ce document, qui résume l'essentiel de sa carrière.

C'est l'œuvre d'une raison droite que l'abus des mots ne déforme jamais ; il fit une profonde impression sur le Sénat qui, après l'avoir entendu, en ordonna l'affichage.

En voici les passages essentiels, ceux qui se rapportent moins à des questions d'actualité déjà lointaines, qu'aux principes immuables d'une bonne administration financière et d'un contrôle rationnel sur la vie matérielle d'un grand pays :

Je ne conteste pas, Messieurs, que la situation de nos finances soit embarrassée ; je le constate, au contraire, nettement, et ce n'est pas la première fois ; M. Hugot rappelait hier, avec beaucoup de bienveillance, un discours que je prononçais il y a quatorze ans, à la veille d'une élection législative, à la Chambre des députés, et dans lequel je m'efforçais de prémunir mes collègues contre les entraînements de dépenses et contre les entraînements, plus graves encore peut-être, de dégrèvements qui régnaient en ce moment...

La première cause d'accroissement de nos charges est considérable ; la guerre a coûté 8 ou 9 milliards, le rétablissement de nos forts et de notre armement a coûté 3 milliards, celui de notre matériel naval 800 millions, les travaux des ports ont coûté 600 millions, les ouvrages des rivières et des canaux ont coûté une égale somme ; les chemins de fer, enfin, ont pris un développement énorme ; nous avons plus que doublé notre réseau de voies ferrées. Si ces travaux ont été exécutés, ils l'ont été, j'imagine, Messieurs, avec le concours du Parlement tout entier, à de rares exceptions près (*Rumeurs à droite. — Très bien ! Très bien ! à gauche*).

Sans doute les gouvernements qui se sont succédé ont de leur mieux essayé de restreindre le développement excessif des travaux. La plupart du temps ils se voient imposer, sous l'empire de préoccupations d'intérêt local et quelquefois électoral, l'extension d'un programme qu'ils n'ont pas conçu et dont ils ont combattu le développement.

Et voilà comment quelques milliers de kilomètres de chemins de fer sont venus s'ajouter au programme de M. de Freycinet. Ce programme, d'ailleurs, sur lequel notre honorable collègue s'expliquait avec tant de talent il y a quelques jours, n'oubliez pas qu'il a été signé par l'honorable M. Léon Say, qui n'a jamais passé pour un homme enclin à gaspiller la fortune publique. J'ajoute tout de suite que son exécution, si elle a été une lourde charge pour nos finances, donna aussi à notre pays une prospérité nouvelle qu'il est impossible de nier.

En effet en 1875 ou en 1876, le nombre de tonnes kilométriques transportées s'élevait à 6 milliards; il atteint aujourd'hui 14 milliards environ.

N'est-ce rien que cet accroissement dans les transports de marchandises? Et ne voyez-vous pas que cet outillage nécessaire était une des conditions essentielles de la vie d'un peuple qui marche? Ne voyez-vous pas qu'il était impossible à ce pays de prospérer avec les 17.000 kilomètres de chemin de fer que nous avions en 1870, alors que les peuples concurrents développaient si largement leurs réseaux?

Et, en ce qui concerne la navigation, vous rappelez-vous que le mouvement des transports s'est élevé de 1 milliard et demi de tonnes kilométriques en 1876, à 3 milliards 600 millions en 1892 et 1893, c'est-à-dire a plus que doublé? Ne comptez-vous pour rien, dans les éléments du commerce, de l'industrie et de l'agriculture d'un pays, ce mouvement ascensionnel considérable qui s'est ainsi manifesté? Et pensez-vous que nos ressources directes et indirectes auraient atteint 3 milliards 425 millions si nous en étions restés aux 6 milliards de tonnes kilométriques transportées par nos voies de fer et aux 1.500 millions de tonnes kilométriques transportées par la voie d'eau? Évidemment non. Nul homme de bonne foi n'oserait le prétendre.

Sans doute, je reconnais que cette charge a été lourde, très lourde, qu'elle pèse à l'excès sur le moment présent. On est allé trop vite, nous le reconnaissons ; et il est assez rare de voir des majorités reconnaître leurs erreurs.

Ce n'est même pas d'aujourd'hui que nous le reconnaissons ; déjà, en 1881, nous élevions la voix contre l'accroissement des dépenses publiques. Nous le disions encore en 1882, lorsque l'on inscrivait dans le budget extraordinaire, instrument trop commode pour l'exécution des travaux utiles ou de luxe, des dépenses de près de 700 millions.

Nous n'avons jamais cessé de le dire.

N'est-il pas juste de reconnaître et de proclamer ici que, non seulement nous nous sommes efforcés de faire entendre nos avertissements, mais que nos efforts n'ont pas été sans résultats ?

Nous avons déclaré que l'emprunt pour la continuation des travaux était un mauvais procédé, car si cela est facile, il est très dangereux d'ouvrir le grand-livre, lorsque la dette s'élève à de trop fortes proportions. Et nous disions : le remède, c'est de ne faire de grandes dépenses de travaux qu'en les incorporant dans le budget ordinaire du pays. Ce système a un double avantage : d'abord, il facilite le contrôle parlementaire et extraparlementaire ; il offre ensuite cet avantage plus précieux peut-être encore : c'est la modération qu'impose la difficulté, nouvelle chaque année, de boucler le budget. Est-ce que ces paroles sont restées stériles ?

Vous n'avez pas oublié que, dès 1891, on est entré dans cette voie et que, successivement, les dépenses de la guerre, celles des travaux publics, des garanties d'intérêt, celles de l'occupation du Tonkin, qui s'élèvent encore à 14 ou 15 millions, ont été ramenées du budget extraordinaire dans le budget ordinaire, c'est-à-dire du budget d'emprunt au budget d'impôt, c'est-à-dire de l'incertitude ou de la fiction à la réalité, à la sincérité financière absolue.

Messieurs, ces incorporations représentent 252 millions ; vous pourrez en faire le calcul, dont je ne fatiguerai pas le Sénat.

On comprend l'embarras qui en résulte.

Cet embarras, il est grave, je l'ai constaté ici même, à diverses reprises......

Il faut réduire les dépenses! J'en comprends la difficulté, je sais qu'il y a dans le budget une part de dépenses auxquelles on ne peut songer à toucher : ce sont les intérêts de la dette ; car il faut assurer le respect des contrats. Mais, dans l'autre moitié du budget, j'estime qu'il y a des efforts à tenter et qu'il y a des résultats à atteindre. Je ne me dissimule pas, quelques économies que nous désirions réaliser, qu'il y a des augmentations de dépenses qui s'imposent. Les budgets, dans aucun pays du monde, ne se maintiennent au même chiffre pendant un certain nombre d'années.

Les services se développent par la force même des choses. On parlait hier des Postes, et on regrettait que ce service ne fût pas mieux doté : mais tous les ans, ses dépenses s'accroissent. Elles s'accroissent même au préjudice de la marge du bénéfice qui lui restait autrefois, et c'est peut être excessif.

M. Loubet examine les propositions des ministères de la guerre et de la marine et les reconnaît nécessaires à la défense nationale :

Je crois bien que les accroissements se produiront d'année en d'année et j'estime que si, par des réductions importantes, nous parvenons à arrêter la marche ascendante des dépenses, nous aurons atteint le seul résultat réalisable à l'heure actuelle, le seul moyen d'attendre le moment où des plus-values de recettes rendront au budget cette élasticité qu'il a perdue, parce qu'après la série des bonnes années est venue la série des mauvaises......

L'orateur établit la nécessité qui s'impose de mettre un frein aux demandes sans cesse croissantes d'augmentations de salaires. Il expose ensuite les économies réalisables dans chacun des départements ministériels en commençant par celui des travaux publics qu'il connaît si bien. Il démontre que l'excès des garanties d'intérêt provient de l'excès des frais imposés aux grandes compagnies :

> On exige des compagnies des services multiples et coûteux, lorsque des services moins nombreux et économiques suffiraient largement à assurer à tous les intérêts ce qui leur est légitimement dû.
> Le nombre de kilomètres parcourus, multiplié par le coût des kilomètres de trains des chemins de fer, arrive à faire bien vite des millions.
> Sur les 40.000 kilomètres de réseau d'intérêt général le nombre des trains est important ; mais les compagnies sont chaque jour sommées d'accroître les services, d'augmenter le nombre des trains.
> Là où cela est nécessaire, je veux bien qu'on leur impose ces charges nouvelles ; mais si je constate que sur certaines lignes d'un trafic nul ou minime justifiant deux ou trois trains dans chaque sens dans la journée, il en existe quatre, cinq et six, j'estime qu'il y a abus (*Approbation sur divers bancs*). Ces abus se chiffrent par une augmentation considérable de millions de dépenses, et, par conséquent, par un accroissement du nombre de millions à la garantie d'intérêt.
> Je n'affirme rien sans être sûr et sans appuyer mon affirmation sur des autorités.
> M. Burdeau, dans son exposé des motifs, a démon-

tré combien il fallait être vigilant en cette matière par la comparaison de deux années, 1892 et 1894 ; en faisant abstraction de 4.000 kilomètres de chemins de fer qui ne pouvaient pas figurer dans son calcul, il a établi que l'accroissement du nombre de kilomètres parcourus n'atteignait pas moins de 11 millions de kilomètres. Est-ce que les besoins de la circulation ou du trafic des marchandises nécessitaient un tel accroissement? Je le nie absolument. Onze millions de kilomètres, cela représente 11 millions de francs, car le kilomètre coûte 1 franc à l'unité, si je suis bien renseigné ; mais, quand il ne coûterait que 70 centimes, cela fait encore une somme de 7 à 8 millions. Et si le ministre des travaux publics prend le livret Chaix et constate, comme je l'ai fait moi-même, que sur une ligne de 30, 40, 100 kilomètres il y a un service exagéré de cinq ou six trains par jour, il a le droit de dire à la Compagnie, qui sera enchantée d'accepter cet avertissement et d'exécuter cet ordre : Supprimez un train, deux trains. Assurez le nécessaire. Le luxe serait possible si nous avions de l'argent à perdre ; il ne l'est pas lorsque nous sommes en déficit et que ce sont les contribuables qui payent *Applaudissements*.

Voilà un élément, je le signale au Gouvernement, qui a une importance capitale.

Mais il est une autre précaution également considérable, qui a été signalée à la Chambre des députés et ici même un grand nombre de fois, et qu'on ne saurait trop rappeler parce qu'elle est la vérité, c'est de veiller avec un soin de tous les instants à ce que les dépenses d'exploitation n'atteignent pas le coefficient qu'elles ont atteint depuis quelques années. En 1882, le coefficient est de 50 o/o des recettes brutes. Pour un million perçu, il y avait 500.000 francs de frais et 500.000 francs de bénéfices...

Il y a encore des économies à faire dans l'exploitation des chemins de fer. Il y en a d'autres aussi à réaliser, et si je ne craignais d'abuser de vos instants (*Non ! Non !*

Madame Loubet a la Madeleine (Anniversaire du Président Faure).

parlez ! j'en ferais une revue complète, — mais je veux m'arrêter. *Non ! Non ! parlez !* Je termine, pour le ministère des travaux publics, par une simple observation : Nous avons, en 1879 ou 1880, dégrevé la navigation de tous droits. Elle est libre, elle ne paie rien. Le produit des droits de navigation, qui était extrêmement minime, et qui, à coup sûr, n'entravait en rien le trafic, donnait à cette époque 4 millions. Aujourd'hui, avec l'accroissement du trafic, nous obtiendrons 8 millions. Et l'entretien seul des canaux et des rivières coûte plus de 11 millions à notre budget…

Or, faire un voyage sur eau pour rien, avec des frais d'entretien s'élevant à 11 millions, et faire concurrence aux chemins de fer qui sont la propriété de l'État et qui sont, à vrai dire, le plus clair et le plus net de sa fortune pour l'avenir, je trouve que c'est jouer le rôle de dupe, et je ne voudrais pas plus longtemps m'associer à un jeu pareil. *(Très bien ! Très bien !)* Enfin, en ce qui concerne les tarifs de chemins de fer, il faudra veiller à ce que des abaissements, qui ne se justifient pas, ne soient pas tous les jours consentis. *(Approbation)*…

Messieurs, il y a d'autres dépenses sur lesquelles j'appelle l'attention de M. le Président du conseil et pour lesquelles je le supplie de réfléchir, non pas à des mesures immédiates, — je n'en connais point, je n'ai pas la prétention d'avoir la science infuse, ni des solutions pour tout, — mais au moins pour l'avenir ; je veux parler des pensions actuelles, de leur accroissement annuel, de leur accroissement plus grand dans quelques années. Ces pensions nous coûtent 226 millions. On a calculé, que d'ici à quelques années, rien que pour les services de l'instruction publique, des postes et des douanes, l'accroissement ne serait pas moindre de 30 à 40 millions. De telle sorte que le sacrifice à imposer à l'État avant vingt-cinq ou trente ans dépassera certainement, de ce chef, 300 millions par an. En regard des 226 millions de dépense actuelle, le Trésor ne reçoit, comme retenues de toute nature, que 33 ou 34 millions, c'est à dire que l'État fait le sacrifice pour ses agents, pour ses employés, de toute la différence qui sépare 33 ou 34 millions de 226 millions.

Et l'on dit, Messieurs, dans une certaine école, que le pays ne fait rien pour les petits et les humbles ! N'est-ce donc rien que les dépenses qu'il s'impose chaque année, pour améliorer le sort de ceux qui ont servi l'État à tous les degrés de la hiérarchie des fonctionnaires? N'est-ce donc rien que ce sacrifice de 200 millions ?

J'appelle l'attention du Sénat sur une dépense qui est en germe dans le budget et qui va se développer dans de très vastes proportions. Je veux parler de l'inscription, au chapitre 13 du ministère du commerce, d'un crédit de 2 millions pour majorer les versements affectés à la caisse des retraites pour la vieillesse et aux sociétés de secours mutuels.

M. le Ministre des finances, dans son exposé, prévoit que, dans un temps donné, il y aura là un sacrifice de 100 millions, et que, lorsque le projet de loi battra son plein, c'est 150 millions qu'il faudra inscrire au budget.

Je ne suis pas l'ennemi de l'intervention de l'État, sous forme de subventions. Je crois, au contraire, qu'il y a là un emploi très fécond d'une partie des ressources du Trésor. Il faut, à mon avis, apporter de l'aide à l'initiative privée, quand elle s'est manifestée et qu'il s'agit d'une œuvre sociale au premier chef. Je m'y associe complètement. La commission des finances, à l'unanimité, je suis heureux de le déclarer ici, a été de mon avis. Mais il faut prendre des précautions. Déjà votre projet est dépassé par la commission de la Chambre des députés ; elle a abaissé de soixante-dix à soixante-cinq ans l'âge de la retraite. La loi de 1853, qui a organisé le régime des pensions civiles, a donné tous les mécomptes qu'une loi peut donner au point de vue financier. La loi sur la caisse des retraites pour la vieillesse a apporté les mêmes mécomptes, et lorsqu'on a péniblement, après des efforts répétés, pu abaisser le taux de l'intérêt de capitalisation de 5 à 4.50, puis de 4.50 à 4 o/o, elle avait déjà fait perdre plus de 100 millions au Trésor.

Je ne sais quel avenir est réservé aux prévisions qui se trouvent dans l'exposé des motifs, mais je crains qu'elles ne soient largement dépassées. Je le crains, en me plaçant uniquement au point de vue fiscal ; je m'en réjouirais au point de vue social ; et, puisque je touche à ce sujet, je me permets de dire que cette œuvre est la meilleure réponse que la démocratie, que le Gouvernement républicain puisse faire à ceux qui vont partout répétant sans cesse, en calomniant leur pays, que la France ne fait rien pour ses travailleurs de tout ordre.

La France, par son budget, effectue des sacrifices ; elle en fait d'autre façon. Si je ne craignais de trop prolonger ce débat, je vous montrerais ce que coûtent certaines institutions, les unes avec répercussion sur notre budget d'État, les autres avec une répercussion certaine sur les dividendes de leurs actionnaires.

Je voudrais demander à M. le Président du conseil s'il ne serait pas possible d'en dresser la statistique. J'estime que rien ne serait plus utile à ce pays que de connaître à la fois ce que fait l'État avec les diverses allocations qui figurent au budget (*Très bien!*); ce que font les départements avec leurs caisses de retraites départementales ; ce que font un certain nombre de communes sous diverses formes ; ce que fait aussi l'initiative privée, pour subvenir aux besoins et aux misères de la vieillesse du personnel ouvrier (*Nouvelles marques d'approbation sur divers bancs*).

Je crois que c'est là un enseignement utile et que c'est une réponse plus utile encore à ceux dont je parlais tout à l'heure, qui viennent jusqu'à la tribune législative calomnier leur pays en disant qu'il néglige trop la classe pauvre et laborieuse, qui le calomniaient hier encore en disant que ce pays était le plus corrompu, alors que tout le monde sait que la France est encore le pays le plus honnête qu'il y ait sous le soleil (*Très bien! Très bien!* — *Vifs applaudissements*).

Il faut, en disant la vérité, détruire ces légendes malfaisantes. Elles constituent des excitations dangereuses pour la paix publique, parce que, exploitées par quelques-uns, elles risquent d'égarer un grand nombre. Faites la lumière, et ce grand nombre éclairé sera ce qu'il a toujours été : le peuple de France, c'est-à-dire le peuple le plus sage, le plus facilement gouvernable, le plus laborieux, le plus économe, le plus attaché à son pays... Et le plus charitable, c'est par là que j'aurais dû commencer. Si vous établissez cela, Monsieur le Président du conseil, vous aurez accompli une œuvre utile et vous n'aurez pas peu contribué à rétablir la prospérité publique, première cause des accroissements de recettes budgétaires. Car il ne faut pas croire que, dans un pays où les ressources indirectes comptent pour les deux tiers dans les revenus publics, il soit indifférent que le pays soit tranquille, qu'il ait la sécurité du lendemain. Apportez cette tranquillité, créez cette sécurité du lendemain. Dites qu'on peut et qu'on doit vivre en France sans souci des menaces qui, de ci de là, peuvent alarmer les intérêts. Dites que l'immense majorité de cette nation est composée de braves gens, passionnément épris de travail, attachés à l'ordre. Vous aurez ainsi ramené la paix, qui est si nécessaire et, avec cette paix, vous aurez donné la prospérité au commerce, à l'industrie, et vous aurez facilité au Trésor la perception des taxes absolument indispensables pour équilibrer votre budget (*Très bien! Très bien!* — *Applaudissements répétés*). — *L'orateur, en regagnant sa place, reçoit les félicitations d'un grand nombre de ses collègues.*

Le succès de ce beau discours désignait M. Loubet aux suffrages de la haute assemblée. Il avait l'estime et la sympathie de ses collègues ; il comptait au Sénat

des amitiés anciennes et profondes. A la mort de
M. Challemel-Lacour, de l'Académie française, M. Loubet fut élu, le 16 janvier 1896, à cette seconde magistrature de l'État que de grandes figures venaient d'illustrer. En prenant possession de son fauteuil, il prononça un discours révélant une compétence exceptionnelle et un jugement sûr. Après avoir fait l'éloge de l'illustre misanthrope à qui il allait succéder, M. Loubet disait à ses collègues :

Messieurs,

La République existe depuis vingt-cinq ans.
Les lois qui l'ont organisée après l'échec des diverses tentatives de restauration monarchique, nous ont assuré la paix au dedans et au dehors. Grâce à elles, nous avons pu, en cette longue période, refaire notre armée, développer l'instruction à tous les degrés, protéger l'agriculture et l'industrie, accroître la prospérité publique et nous concilier des sympathies précieuses pour notre grandeur et notre sécurité *(Très bien ! très bien !)*

Ces résultats incontestables nous les devons à l'harmonie des pouvoirs publics. Leur accord, que n'ont pu sérieusement troubler les efforts des factions, est plus que jamais indispensable pour parachever notre œuvre, pour résoudre les complexes problèmes posés par l'évolution des sociétés modernes et mettre les lois à la hauteur des besoins nouveaux du pays. *(Très bien ! très bien !)*

Le Sénat, si violemment attaqué autrefois, a vu grandir son autorité à mesure qu'il défendait les libertés conquises. *(Très bien ! très bien !)*

Il a dissipé les préventions nées des circonstances au milieu desquelles il s'est constitué, en aidant à la réalisation des progrès qui sont l'essence même de la République, en manifestant, par l'étude attentive des projets dont il était saisi, sa constante préoccupation d'assurer dans l'ordre politique, économique et social, les améliorations destinées à favoriser, avec le développement du bien-être, la grandeur de la France et la libre expansion de son génie. *(Très bien!)*

Sans doute il n'a jamais pensé qu'il fallut accepter sans un minutieux examen des projets qui paraissaient d'autant plus simples qu'ils avaient été moins étudiés. *(Très bien! très bien!)* Sans doute aussi il n'a jamais pensé que notre société moderne, fille de la révolution, pût renier ses principes en menaçant la liberté individuelle, *(Très bien! très bien!)* en répudiant une égalité aussi précieuse que la liberté elle-même, pour substituer aux privilégiés d'autrefois des privilégiés d'un autre ordre. *(Très bien! très bien! Applaudissements.)* Sans doute encore, préoccupé des sacrifices qu'imposent aux contribuables les exigences de la défense nationale, le développement de l'instruction et des services publics, l'achèvement de notre outillage économique, le concours de l'État dans les œuvres d'assistance et de solidarité, le Sénat a fait entendre de nombreux avertissements pour éviter les embarras financiers et l'établissement de nouveaux impôts. Mais, loin de s'en plaindre, le pays, en maintes circonstances, a loué sa sagesse et approuvé sa prudence. *(Très bien! très bien!)*...

Messieurs, une assemblée doit revendiquer et exercer tous ses droits. C'est une condition essentielle du fonctionnement du régime parlementaire *(Très bien!)* Si elle s'efface, elle ne compromet pas seulement son prestige, elle porte encore une grave atteinte à l'organisme dont elle constitue l'un des rouages. Ces droits ne vont pas sans devoirs, et ces devoirs il nous faut les remplir. Le premier de tous, c'est d'examiner avec attention et sans atermoiements les projets ou propositions qui nous sont renvoyés. Le Sénat n'y a jamais manqué, et si parfois on l'a taxé de lenteur, c'est parce qu'on ne rendait pas pleine justice à sa conscience.

Il persévérera, j'en suis certain, dans ses traditions laborieuses, et s'il fait appel à son président pour activer les résolutions de ses commissions, il trouvera en lui un concours sans réserve. *(Très bien! très bien!)*

Nous ne suivrons pas M. Loubet dans les graves et paisibles fonctions de sa nouvelle dignité. Comme président du Sénat, il se montra très correct, très habile en l'art difficile de conduire les travaux d'une grande assemblée. Il prononça en termes élevés les éloges funèbres de MM. Floquet, de Rémusat, Le Royer, Tolain, Buffet, etc. Quant aux sentiments qu'inspirèrent à ses collègues son sûr instinct de l'équité, son autorité faite de bonne grâce et de pondération, la cordialité de son accueil, on en trouve l'expression toute naturelle d'abord en ce fait que M. Loubet fut réélu sans contestation en 1897, 1898 et 1899, ensuite dans l'enthousiasme inouï que souleva parmi ses collègues sa candidature à la présidence de la République. Nous avons suivi les événements de cette journée inoubliable. Et maintenant que voilà résumés les points essentiels de cette noble existence, nous pourrions fermer ici ce livre, certains d'avoir rappelé l'homme à ceux qui ne se souviennent point. Mais bien des détails de sa carrière présidentielle réclament encore notre attention.

CHAPITRE SIXIÈME

———

Homme simple et de vie limpide, qui a fait son devoir quarante ans sans rechercher le bruit, qui a plus aimé le travail que le plaisir, sans dédaigner les joies simples, la chasse, la lecture, la promenade et sa pipe ; qui a vécu étroitement dans son intérieur entre sa femme et ses enfants ; aisé sans être riche (car tout ce qu'il possède forme un capital de 300.000 francs environ, y compris l'héritage paternel et la dot de Mme Loubet) ; pénétré d'opinions nettes et modérées ; très sensible aux douleurs d'autrui, serviable, prompt à la pitié, d'humeur indulgente ; un peu dédaigneux des honneurs mais sans la moindre misanthropie et sans que son dédain se soit jamais fait sentir ; d'amitié sûre, de sens très posé, en sorte qu'il est incapable d'une inattention ou d'un oubli ; courtois au point de ne s'être pas fait un ennemi personnel ; tolérant comme s'il avait atteint les dernières limites du scepticisme philosophique ; capable de briller tout comme un autre, car il est érudit et assez maître de lui pour n'en avoir jamais cherché l'occasion, qui vint toute seule, M. Loubet ne ressemble pas du tout aux caricatures que l'on a faites de lui.

Aucune vulgarité en lui, aucune pose, mais la parfaite aisance que donne l'habitude de la représentation publique dans les plus hauts mandats remplis sans contrainte et avec bonne grâce.

Sa taille est ordinaire, sa démarche assurée ; il se tient droit sans raideur ; le pas est alerte ; il porte bien l'habit ; et sous les cheveux blancs, avec la barbe grise, ses soixante ans ont un air de jeunesse. Ce qui frappe au premier regard en lui, c'est l'expression des yeux bleus, des yeux très clairs, bienveillants avec une pointe d'ironie ; ils sont assez profonds sous l'arc du front, pour que les sourcils, bien que peu fournis, leur fassent ombre, et ils brillent dans cette ombre comme des lacs étroits au fond des vallées. Ce sont des yeux qui reflètent la pensée, des yeux de bon accueil qui rassurent et attirent, des yeux de bonté en qui s'exprime une âme délicate, éprise de justice et désireuse de pardon. On ne s'expliquerait point, malgré le labeur qu'il a fourni, la persistance de l'attachement que ses compatriotes ont montré pour Émile Loubet, si l'on ne tenait compte de la sympathie qui est allée vers lui à cause de cette bonté.

Le suffrage universel est fantasque ; il a jeté bas des élus qui n'avaient point démérité et n'avaient pour déplaire rien fait de pire que de porter un air qui offus-

quait la foule ou accompli leur devoir avec quelque
dureté. A quelles doses savantes ne convient-il
pas de mêler en soi l'équité intégrale si souvent
cruelle, le sens de l'autorité, toujours si pesante, et l'a-
ménité du caractère, signe si fréquent de faiblesse, pour
ravir au destin une pareille succession de bonnes for-
tunes? Celle de M. Loubet ne supporte de comparaison
avec aucune autre. Le père Thiers avait un passé considérable ; il était arrivé très haut depuis longtemps.
Mac-Mahon était maréchal de France, populaire et
instrument de parti. Grévy représentait toute une tradition ; Carnot un siècle de gloire ; Casimir-Périer la
première noblesse bourgeoise du pays ; Félix Faure
avait amené à la loterie un numéro merveilleux.
M. Loubet a fait une carrière d'homme politique régulière comme une ligne de chemin de fer, une lente
et tranquille ascension, du conseil municipal de
Marsanne à l'Élysée, et cette continuité ne se conçoit point sans une harmonie de vie, de caractère,
de facultés personnelles exceptionnelles, parce que l'é-
poque ne lui avait pas permis de donner sa mesure et le
chemin droit est si glissant que le plus grand ou le plus
habile ne s'y soutient point sans un équilibre exceptionnel. Posséder cet équilibre c'est être justement cet
homme parfait dont chacun de nous rêve aux heures
difficiles.

Songez à ce que représente de raison un sens de la
justice inspiré de la sorte par une exquise pitié.
M. Loubet avait vécu sans faste et il n'aime point pour

elles-mêmes les pompes extérieures de son rôle ; il ne s'y complaît pas ; il les subit comme un devoir, les accepte sans peine, fort à l'aise. Il préfère naturellement, et comme ferait tout homme dépourvu de sotte vanité, le travail paisible, la familiarité relative des entretiens dont aucune règle n'a fixé les termes, le repos, la promenade libre de surveillance. Il aime à en retrouver les joies interdites toutes les fois qu'il peut échapper à la vigilance de ses gardiens ou à la multiplicité de ses fonctions. Au début de sa présidence et lorsque la présence des agents chargés de veiller sur sa personne ne lui était pas devenue une habitude qui n'attache plus l'attention, il a pris plaisir à quitter l'Élysée par une porte dérobée pour s'en aller faire un tour, comme vous et moi, dans l'avenue voisine. Vingt minutes après, il était rattrapé et voyait peser sur lui l'œil de ses gardiens qui semblaient implorer leur pardon.

Un jour, M. Gauthier, maire de Montélimar, passait rue Royale, à Paris, quand il sentit qu'on lui frappait sur l'épaule. Il se retourna et vit devant lui le président de la République qui lui tendait la main. M. Loubet venait de marcher pendant une heure avec son fils. Et comme M. Gauthier, fort ému, se confondait en salutations : « — Mon cher, lui dit le Président, couvrez-vous vite, vous me feriez reconnaître. » Et ils entrèrent tous trois à l'Élysée.

On a conté souvent un trait de bonhomie parfaite : M. Loubet était ministre de l'Intérieur, peut-être mieux encore, président du conseil, lorsque, pour se reposer de ses grands soucis d'alors, il prit le train de Montélimar et s'en fut passer trois jours à Marsanne. Il trouva sa vieille mère en train de mettre au four le pain de la quinzaine. Quand elle l'eut embrassée, les bras poudrés de farine : « — Je suis trop faible pour pétrir, lui dit-elle, mais j'enfourne encore. Donne-moi un coup de main pour me hâter. » Monsieur le ministre ôta son veston : « — Volontiers, maman, dit-il. » Et il termina la besogne. Ceci n'est rien, sinon la marque d'un esprit égal en toutes choses, et qui n'a point, pour les figures extérieures du luxe et de la grandeur, un culte ridicule.

M. Loubet n'est pas un inconnu pour Grenoble. Il y est venu souvent ; il aime nos montagnes. Il a plaidé en notre vieux palais de justice. En une de ces occasions, il descendit à l'hôtel Monnet, et comme il garda bon souvenir de l'accueil qu'il y trouva, il lui arriva, étant président du conseil, de dire à un de ses amis qui s'en allait à Grenoble : « J'y retournerais bien avec vous pour le plaisir de revoir les Alpes et de dîner à l'hôtel Monnet ». Ce sont là des paroles que l'on répète volontiers. Elles furent redites à Mme Trillat : « — Le président du conseil, ministre de l'intérieur, se rappelle avec plaisir les jours qu'il a passés chez vous. Il vante votre table et le gîte. — Que dites-vous ? dit Mme Trillat. Je ne connais point le ministre. — Ne vous souvenez-point de M. Loubet ? — M. Loubet ? Cet homme si doux, si simple ? C'est lui qui est ministre! Il était si cordial, si bienveillant! Il me parlait d'une manière si courtoise! Eh! non, monsieur, je n'aurais jamais cru qu'un ministre pût être si modeste que cela! » Et la bonne Mme Trillat était toute émue, toute bouleversée. L'anecdote remonte à huit années et les journaux l'ont contée. Tout le barreau grenoblois pourrait en témoigner. On en citerait mille traits sans rien ajouter aux lignes générales de cette intéressante figure.

Il s'est révélé dans son rôle de président, tel qu'il était dans sa vie privée, avec le désir évident de réaliser l'idéal très simple et un peu sévère du président démocratique, tel que la grande République américaine et la Confédération helvétique en ont fourni de si parfaits modèles.

Pour ce qui est de la représentation obligatoire, il n'a rien modifié à l'usage suivi avant lui. Il a intégralement conservé à leur poste tous les serviteurs de l'Elysée, sans aucun changement apparent aux formalités d'usage. Mais s'il est seul avec ses secrétaires dans les diverses pièces de son cabinet, il n'attend pas pour passer de l'une à l'autre que les laquais porteurs de flambeaux le précèdent. Le piqueur Montjarret endosse sa belle livrée les jours de gala, quand la voiture présidentielle est escortée par les cuirassiers; mais il n'y a point de cérémonial hors des cas prévus. Les déjeuners et les dîners offerts par le président de la République aux rois de Suède et de Grèce, aux grands-ducs, aux artistes à l'occasion du Salon, aux bureaux des deux Chambres, à la magistrature, aux généraux membres du conseil supérieur de la guerre, ont été servis avec un luxe et un éclat que rien ne peut égaler; mais M. Loubet reçoit à sa table presque chaque jour des amis, des personnes dont il aime la conversation, des sénateurs, quelqu'un de ses ministres, et c'est alors le déjeuner de famille, cordial, sans aucune solennité, à peine différent du déjeuner chez M. Loubet à Montélimar ou dans son appartement de la rue de Seine.

Les bals de l'Elysée ont dépassé en splendeur tout ce que l'on avait vu : M. et Mme Loubet en ont fait les honneurs avec une grâce et une dignité parfaites. Mais, quand le président peut gagner une heure de liberté, le soir, après les réceptions, les conseils et les signatures, il se plaît à se retirer en son appartement intime. Il fume, lit ou songe, et va dormir de bonne heure, parce qu'il est debout au tout petit matin : — « Quand arrivera l'Exposition, dit-il, et que j'aurai à recevoir des souverains et de grands personnages, je ferai le nécessaire pour représenter dignement la France. Je prendrai deux Montjarret s'il le faut; mais d'ici là... » La mission dont il est chargé sera bien remplie. M. Loubet sait quelle grandeur il tient de ce qu'il représente. Il n'en garde pour lui-même aucune morgue. Il dit à un président de tribunal qui salue en lui l'ancien avocat : « Je ne suis pas ancien ; je suis toujours du barreau de Montélimar. »

A peine élu, il est terriblement chansonné. Une scie

montmartoise répétée un peu partout est en vogue :

M. Loubet nous gâte,
Nous gâte de Montélimar.

Ce n'est pas méchant, et qui n'a été chansonné en France ? M. Carnot l'était bien. Aux libertés que la critique prenait avec lui, quand on le représentait en bois noir articulé, quand on lui prêtait contre toute vérité une raideur extrême d'attitude, à la façon dont chansonniers et caricaturistes s'emparaient de sa tête et de toute sa silhouette, un étranger superficiel aurait pu croire que la foule n'avait pour lui aucun respect. Pourtant, quelle explosion de tristesse et de colère à sa mort. Quelles funérailles! Quel triomphe! Quel souvenir! Il en sera de même de M. Loubet, non après sa mort! (que les dieux lui donnent la joie du repos dans une vieillesse honorée!) mais quand il sera descendu de ce poste éminent où l'a élevé la confiance de la France républicaine.

Le premier voyage de Montélimar était et devait être, par la volonté de ses concitoyens, un triomphe ; mais il est revenu dans sa ville natale par deux fois, et sans bruit. Il est allé à Marsanne revoir la maison maternelle, où des racines profondes attachent son cœur. Il a revécu des heures calmes auprès de sa vieille mère ; il s'est promené comme autrefois sur le boulevard de Montélimar, salué par tous, serrant la main aux vieux amis, entamant quelques causeries avec ceux qui étaient ses intimes, se laissant approcher de tous ceux dont les visages ne lui étaient pas inconnus, — et il con-

Le Président dans son Cabinet de Travail a l'Élysée.

naît tout le monde. On l'a vu entrer en bon bourgeois dans le magasin de quincaillerie où, jeune avocat, il vint souvent observer à travers les vitres, par delà les étalages de serrures et d'outils variés, la silhouette d'une belle jeune fille qui le devinait bien et qui ne rêvait certainement pas d'habiter un jour l'Elysée... Il est allé voir son frère à Grignan, pays paternel, qu'il représentait au conseil général de la Drôme, où il vécut entre 1865 et 1870. La municipalité a tenu à lui offrir une réception égale à celle de Montélimar ; elle a fait de son mieux ; et, dans le cadre admirable de cette vallée du Rhône qui avoisine déjà la Provence, la fête de bienvenue, par une belle journée du dernier automne (2 octobre 1899), a réalisé un rêve de beauté. Là comme ailleurs des discours s'échangent ; le maire de Grignan, qui occupe au Conseil général le siège de M. Loubet, dans un fort beau discours résume l'œuvre de la République et fait allusion aux « stériles et impuissantes tentatives » des partis oubliés. Et M. Loubet, dans sa réponse, rappelle qu'il a débuté dans la vie publique comme conseiller municipal de Grignan en 1868. Il avait en ce temps là, avec ses collègues, tracé un programme de réformes libérales. Il se félicite d'y être toute sa vie demeuré fidèle. Il prononce un mot dont le dédain et l'oubli ont causé toutes les misères de l'heure présente : *tolérance* ; il en fait la condition de l'union nécessaire. Et ses paroles sont comme l'introduction des grandes idées dont il fera le thème de son discours à l'ouverture de l'Exposition universelle. . « Les agitations passagères et grossies par des adversaires intéressés feront place à une paix profonde que nous voyons déjà apparaître. Le pays consacre ses efforts et son activité à assurer le succès de l'Exposition de 1900 qui fera resplendir la supériorité de la France. » Et il ajoute ces phrases de haute inspiration patriotique : « Tout ce que la France fait de grand, de beau et de bien, a sa répercussion dans le monde ; elle a charge d'humanité ; elle a le devoir de donner au monde de grands exemples. Or, aucune autre nation n'a comme elle le sentiment de la justice et du progrès associés au culte profond de la patrie et de l'armée qui est, comme l'a dit le maire de Grignan, la moelle, l'essence même de la France. »

A Paris, le président devient bien vite sympathique aux foules, par la dignité sans morgue et sans apparat qu'il apporte en public. Mme Loubet et le président se rendent souvent au théâtre en simples particuliers, sans aucune escorte, accompagnés de leur fils et d'un officier de la maison militaire, qui prennent place dans sa loge. Les spectateurs font d'eux-mêmes la haie sur leur passage, et on les salue à leur entrée dans la salle ; mais tout cela est spontané, sobre et sans gêne pour personne. La présence de M. Loubet est assurée à tous les grands spectacles auxquels se mêle l'idée de la charité. Il était à la Grande-Roue lorsque les associations de presse y donnèrent la fête que nous avons décrite, à l'Opéra le jour où la troupe de la Comédie-Française, exilée par l'incendie, y donnait sa grande représentation.

La vie de M. Loubet à l'Élysée ne diffère point de celle que M. Carnot y menait :

« Levé de fort bonne heure le matin, le président sort chaque jour à pied, dit M. Pierre Géringer. (1) Accompagné de son fils, M. Paul Loubet, il fait une promenade d'une heure, soit dans les Champs-Elysées, soit sur les grands boulevards. C'est une vieille habitude à laquelle il n'a jamais renoncé. On peut ainsi le rencontrer, flânant comme un simple particulier, sans voir derrière lui des nuées d'agents soupçonneux et encombrants. Très souvent reconnus, le président de la République et son fils sont respectueusement salués par les promeneurs de cette heure matinale.

« Rentré à l'Élysée, M. Loubet passe dans son cabinet de travail, pour l'expédition des affaires courantes et la présidence du conseil des ministres, les jours où il a lieu. A midi, il déjeune en famille ; il sort ensuite, toujours accompagné de son fils ou de M. Combarieu, soit à pied, soit en voiture, pour faire une seconde promenade.

« L'après-midi est consacré à la signature des pièces et aux réceptions qui, ordinairement, prennent fin à sept heures. La soirée appartient alors à l'intimité familiale.

« Aussi son arrivée à l'Elysée a-t-elle apporté une transformation complète dans le palais. Il y règne maintenant une atmosphère de cordialité qui met tout

---

(1) *Huit mois à l'Élysée*, Imprimerie Soret et Cⁱᵉ, Paris 1900.

de suite à l'aise ceux qui y sont appelés par leurs affaires. Point n'est besoin de longues formalités pour pénétrer jusqu'au président. On est admis là comme dans une maison qui appartient un peu à tous les Français, puisqu'elle est le centre de la représentation du pays, et par un homme qui, de son titre de chef de l'État, ne retient que les devoirs, abandonnant volontiers les honneurs et les satisfactions d'amour-propre. Le personnel du palais lui-même est enchanté. Tous, jusqu'aux plus humbles, sont traités avec une équité et une déférence auxquelles ils sont profondément sensibles ; aussi se feraient-ils tuer pour le président et pour les personnes de son entourage, qui suivent cet exemple d'urbanité. »

Pendant l'été, M. Loubet, comme son prédécesseur, s'installe au château de Rambouillet. La résidence est moins magnifique que Fontainebleau, bien qu'elle soit pleine de grands souvenirs. Elle est plus commode et un peu plus proche de Paris ; elle a été aménagée sous M. Félix Faure avec un luxe de confort moderne tout à fait digne de sa destination. Un homme qui se révèle comme un écrivain de grand talent, mais qui cache sa personnalité sous cette signature : *Un visiteur*, donne les détails suivants sur la vie du président en sa résidence d'été :

« Dans un cadre de magnificence, de fraîcheur et de paix, au milieu d'un parc — prolongé par la forêt, — où règne l'écriture classique du XVIIIe siècle et où l'œil se repose délicieusement sur de grandes pièces d'eau tranquilles, des arbres rares, des îles, des verdures sans fin coupées par des canaux en éventails, apparaît la masse claire du château. Assis dans une plaine sans mouvements de terrain, où le ciel pénètre tout le paysage, il n'a ni l'aspect inquiétant d'une forteresse féodale, ni les grâces épanouies d'un monument de la Renaissance : malgré sa grosse tour dont les créneaux et les machicoulis ont été restaurés avec une précision, hélas! géométrique, il rassure le spectateur plus qu'il ne l'éblouit par un air de confort exempt de fracas et de coquetteries. Pas un ornement intérieur n'interrompt la simplicité noble de ses lignes; pas une sculpture ne fleurit la pierre un peu romaine de ses murailles. Sa couleur est uniforme et toute moderne. Quand je le revis hier dans le décor grandiose qui rappelle Versailles. mais où l'on chercherait vainement trois marches de marbre rose, j'avais l'esprit vaguement prévenu par des souvenirs d'ancien régime auxquels l'imagination associe volontiers des liens de légende. Je m'attendais donc à trouver une inévitable dissonance entre le caractère de cette grande demeure historique et son hôte républicain d'aujourd'hui. Cette idée a bientôt fait place à des impressions contraires que je note ici en toute franchise avec l'impartialité d'un témoin qui n'appartient à aucune chapelle. Dans ce palais où, depuis le seizième siècle, est passé le manteau fleurdelysé de tous les rois, on ne trouve aujourd'hui, avec une franche cordialité d'accueil et une dignité familiale, que des images réconfortantes pour le patriotisme comme pour les yeux. Le président Loubet, lui aussi, rassure le nouveau venu sans chercher à l'éblouir. Dès l'abord, on sent qu'il est une force, une force calme, aisée, exempte de coquetterie, de façade et de fracas. Cette parfaite possession de soi est, en somme, la vraie distinction. Elle est digne d'une sérieuse estime chez un homme qui accepte la charge de représenter et de diriger son pays, en un temps où nous n'accordons plus au pouvoir une vie de loisir et de récréations fastueuses et où la naïve démocratie exige de lui tous les talents avec toutes les vertus. S'il porte un tel fardeau sans raideur ; si, au premier rang, il reste lui-même sans avoir besoin d'en faire une étude, et ne voit dans son élévation qu'un moyen de travailler au bien public, il résulte de tout cela une grandeur d'un ordre nouveau, dépouillée d'accessoires surannés, mais très réelle, où tout est substantiel et auprès de laquelle les brillants souvenirs de la vie monarchique, — chasses à courre de Roi-Soleil, galanteries de la marquise, pastorales à la Watteau — n'ont pas plus d'importance qu'une belle tenture dans un salon où causent des hommes d'affaires.

. . . .

« J'ai eu l'heureuse fortune de passer quelques heures chez le président. Je l'ai vu dans son cabinet de travail, disposé à la causerie, mais assiégé par d'incessants télégrammes qui, venus de tous les coins de l'horizon, le font ressembler au poète « mis au centre de tout. » J'ai eu l'honneur de m'asseoir à sa table, au milieu des siens, de ses officiers d'ordonnance et de ses collaborateurs civils, dans cette admirable salle à manger du château, où les tapisseries font de subtiles symphonies de couleurs, et aux balcons de laquelle les courtisans ne viennent plus s'accouder pour voir comment déjeune le souverain. En pareille rencontre, il est difficile de résister à la tentation de recueillir quelques traits caractéristiques du chef de l'État.

« Le président est ce que pourrait appeler M. Maurice Barrès, en complétant sa formule, *un enraciné*. Je ne fais pas allusion à son viril dessein de remplir toute sa mission, mais à sa fidélité au terroir natal, au goût qu'il conserve, malgré l'inévitable étiquette, pour la vie de famille, sans se laisser entamer par toutes les sollicitations de vanité qui viennent du dehors.

« En sa route, Balzac n'eût rien trouvé à glaner pour sa *Comédie humaine*. Molière encore moins. Il serait ressuscité trop tard pour son *Bourgeois Gentilhomme*. Il est également éloigné de ces deux affectations, opposées, mais de valeur égale, dont l'une consiste à faire sentir l'autorité en dressant partout son panache, l'autre à la dissimuler et à la répandre en cordialités vulgaires. A table, il parle volontiers avec ce bon accent dauphinois qu'il se ferait scrupule de changer et ne dédaigne même pas l'anecdote plaisante. Mais, tout en gardant une belle tenue qui ne supprime point les distances, il ne se donne jamais en spectacle à lui-même. Il néglige le plaisir — si facile quand on domine l'auditoire — d'ébaucher une conférence savante, d'aiguiser des pointes et de frapper quelques médailles. Le truquage ordinaire est remplacé chez lui par un rayonnement très doux de bon sens, de bonne humeur et de sympathie.

« Rester partout soi-même, ne mentir à aucune origine, ne prendre aucun des artifices qui consistent, soit à jouer un rôle, soit à jouer le naturel lui-même et le détachement, c'est, après tout, le luxe le plus rare et le plus agréable qu'on puisse se donner, lorsqu'on est d'abord un honnête homme, et, accessoirement, le premier personnage de France. Dans la salle des jeux du rez-de-chaussée, exquisement fraîche et claire, où l'on venait de servir le café, le président, adossé à un billard, prenait une pipe que j'ai jugée antérieure au dernier vote du congrès, et de ses yeux très bleus semblait fixer quelque lointain objet dans la perspective de verdure et de soleil qui s'ouvrait devant lui. Après une libre conversation qui, sans effort, sans tension de bel esprit, s'était accrochée aux sujets les plus divers, j'attendais de lui un mot que je pusse reproduire... »

A Rambouillet, malgré le ralentissement de la vie publique, le président Loubet ne restait pas inactif. Outre les conseils des ministres, au cours desquels furent prises des mesures graves, comme la grâce de Dreyfus et la convocation de la Haute-Cour, M. Loubet recevait beaucoup de monde, députés, sénateurs, membres du gouvernement, officiers et fonctionnaires de tous ordres, qu'il retenait presque toujours à déjeuner ou à dîner, et parmi lesquels nous voyons figurer

M. Laferrière, gouverneur général de l'Algérie, le général Galliéni, gouverneur de Madagascar, et plusieurs ambassadeurs de France à l'étranger.

Nous ne racontons point l'histoire de cette période où un ministère résolu organisa et mena à bonne fin la défense de la République contre l'assaut des réactions coalisées. L'affaire Dreyfus, la Haute-Cour, ces faits qui ont, dans une certaine mesure, agité les consciences, sont actes de gouvernement et ne peuvent être mis au compte du président irresponsable de la République. Quels précieux conseils il a donnés, quelle part importante il a prise à la délibération des résolutions essentielles, quelle merveilleuse lucidité il a mise au service de ce Gouvernement dont il est le chef paternel, le directeur de conscience? l'histoire le dira à son heure, quand les contemporains en témoigneront.

Mais nous le pouvons deviner à connaître son passé, la sagesse, l'esprit républicain qui ont dominé sa conduite, et qui font de lui un vrai fils de la vieille France, le représentant des vertus essentielles de cette bourgeoisie dont on peut dire beaucoup de mal, qui peut-être achève sa carrière historique devant l'avènement proche d'un monde nouveau, mais qui donna à l'univers ces deux présents sublimes : la liberté et la tolérance, d'une part ; la suprématie du travail et l'égalité devant la loi, d'autre part. Si vraiment ce qui fut le tiers-état, si les descendants des représentants de Vizille et des terribles constituants doivent cesser de commander en maîtres à une nation qui leur a dû beaucoup de gloire, et la plus belle, c'est à l'oubli de leurs tradition, qu'il faudra attribuer cette chute. Egoïsme et mépris de la démocratie, goût ridicule pour les vanités qu'un passé aboli nous a transmises, sont les trop fréquentes misères de nos dirigeants. On n'en trouverait pas trace dans l'âme de Loubet. Il est bon et généreux ; il est attaché avec une ardeur passionnée aux idées démocratiques qui ont ensoleillé sa jeunesse.

Il n'a pas voulu, dans son goût pour l'ordre, dans sa raison méticuleuse, y ajouter une parcelle de cet esprit d'aventures qui pousse les générations aux séduisantes visions d'une humanité plus harmonieuse. Et les impatients ont pu narguer sa sagesse, crier de la haute mer où leurs barques s'élançaient vers l'inconnu : « Oh! le médiocre parlementaire qui s'attarde aux équilibres du budget, qui ne veut pas quitter la côte familière ! » Et puis les vents mauvais ont soufflé. Une heure est venue où non seulement les lointains se sont obscurcis, mais où la tempête de réaction a soufflé assez fort pour que l'on pût douter si la révolution, la liberté et la tolérance n'étaient pas de vaines formules inintelligibles aux foules, des rêves de philosophe irréalisables dans la vie d'une démocratie passionnée, avide d'images, incapable de supporter la libre discussion. Et alors, les esprits aventureux ont été bien heureux de retrouver au port l'abri de ces énergies patientes, de ces croyances modérées et fermes dans la révolution et dans la République. Ils étaient à la limite des conquêtes accomplies sur les ténèbres anciennes ; tels on les y avait laissés, tels on les retrouvait au retour. Combien avaient reculé croyant avancer! Combien s'étaient laissés entraîner! Ceux-ci étaient demeurés fermes, immobiles dans leur logique. La figure de M. Loubet s'est précisée aux heures du péril. Il garde la forteresse en deçà de laquelle nous ne serons pas envahis ; et la forteresse de raison et de liberté est bien gardée.

Ce rôle est beau ; pourtant nul président ne s'est dépensé autant que M. Émile Loubet depuis son élection. Partout où sa présence devait faire du bien, honorer une fête de haute charité, relever l'éclat d'une cérémonie populaire et républicaine, partout où il pouvait se mêler aux grandes manifestations de l'âme nationale, M. Loubet s'est empressé. Ses visites aux hôpitaux civils et militaires ont occupé des matinées si nombreuses qu'il serait fastidieux de les raconter.

Il a présidé à Paris la grande, la splendide, l'inoubliable inauguration du « Triomphe de la République, » œuvre admirable du vieux républicain et grand artiste qu'est Dalou. Et devant trois cent mille ouvriers défilant en cortège, il a prononcé là, en plein quartier du travail, de nobles paroles de paix, de solidarité, d'équité, d'espoir dans l'avenir, que promet aux foules le progrès par la République ; puis il a attaché au cou de l'artiste la cravate de commandeur de la Légion d'honneur.

Il a inauguré le « vieux Paris » à l'Exposition universelle, parce que cette fête était donnée au bénéfice des caisses de secours de la Société des gens de lettres et des associations de la Presse. Il s'est plu à visiter deux fois officiellement, — plusieurs fois sans apparat et en promeneur, — les chantiers de cette Exposition universelle dont il devait présider l'ouverture avec un éclat si resplendissant. A chacune de ses visites, salué par la multitude des ouvriers, il s'est entretenu avec les chefs de chantiers, avec les directeurs, avec les travailleurs, sur ce ton de tranquille bonhomie, aussi peu affectée que possible, qui est l'essentiel de son caractère.

Il n'est point responsable du luxe infini des précautions dont on l'entoure ; rien ne lui plairait plus que de vivre de plain pied avec la foule, comme jadis, sans la rechercher ni la dédaigner, mais en traitant les individus sur cette base de rapports polis et volontiers cordiaux qui est dans le goût du Français et, parmi tous les Français, de cette intelligence supérieurement sociable qu'est le Dauphinois. Un personnage officiel qui l'a connu jadis d'une manière assez étroite, et que ses fonctions ont mis quelquefois depuis lors en rapports avec M. Loubet, nous disait récemment : « J'ai connu un temps où M. Loubet avait volontiers le mot pour rire, y excellait et ne dédaignait pas de paraître brillant dans la conversation. On dirait que ce goût s'est éteint chez lui depuis qu'il est président de la République ».

Il écoute volontiers, il répond avec bonté et finesse, mais il semble s'efforcer de fuir l'éclat, le trait, le mot. Visiblement, il ne recherche rien de ce qui pourrait lui attirer les murmures flatteurs de son entourage. Et tout au contraire, il apporte une extrême bienveillance à laisser ceux qui l'entourent se déployer dans leurs talents et leurs grâces.

C'est là certainement, disions-nous, ce que Cicéron conte des vieillards qui, dans le déclin d'une glorieuse carrière, et tout illuminés de leur passé, se plaisent à faciliter aux jeunes gens le moyen de paraître spirituels, savants et forts. A l'apogée d'une vie comblée d'honneurs, M. Loubet sent et comprend que le pire ridicule serait de prétendre à toute la place dans l'attention, à tout le succès dans les menues batailles de l'érudition et de l'esprit. Rien ne dit mieux le charme de son abord. Il a les bonnes et solides vertus sociales du bourgeois de France, si poli, si soigneux de ne blesser personne, si désireux d'obliger et de se rendre aimable, héritier vrai des traditions antiques, aristocrate jusqu'au bout des ongles dans son besoin prodigieux de se façonner au milieu où il est et d'y faire de la joie autour de lui.

Seulement, il y a bourgeois et bourgeois. Grévy en était un, trop près encore de la terre âpre. Carnot portait en lui des traditions jacobines qui cachaient la bonté profonde sous une forme austère. Félix Faure était surtout d'un extérieur brillant et décoratif. Loubet est de tout et de rien : il n'a pas saisi l'occasion d'enclore son esprit dans les mœurs et les habitudes du barreau ; il a été un homme public, un serviteur de tout le monde, un chef d'hommes, et c'est là une grande force. Il faut une longue habitude pour oser commander et, talent plus difficile, pour conseiller à ceux qui commandent. Par le contact paternel obligatoire — à la mairie de sa petite ville — avec tout le monde, les bons, les méchants, les gens à panaches, les dirigeants, les quelconques, les tout petits, les pauvres, ceux qui ont sans cesse besoin qu'on leur donne la main pour passer les gués de la vie, il s'est fait — et cela a duré trente ans — une âme très égale, compatissante, douce, fine aussi. Songez qu'il a été le conseiller intime d'une ville où tout se sait et où il faut à chaque instant intervenir. Le public de Paris par exemple ne comprend guère tout cela.

A Paris, personne ne dirige ; la vie y est réglée mécaniquement. En province, dans un petit coin, le maire sait et voit les moindres détails. Naissances, mariages, décès sont sa spécialité. Les jeunes garçons et les fillettes des écoles voient en lui un inspecteur tout proche, qui connaît leurs noms et qui cause avec l'instituteur. Chacun est tenu de venir à lui, pour une autorisation de voirie, pour une canalisation d'égout, pour une contravention. Il arrête cent procès par an. Il y a des voleurs qui se jettent à ses genoux et des volés qui retirent leurs plaintes à sa prière. Les pauvres lui demandent des secours, les riches un appui. Si, par dessus le marché, il est député, sénateur, président du Sénat, vous jugez combien de lettres le prient, l'implorent, le pressent ; combien de gens comptent sur lui pour une dispense militaire, pour une parole au ministre, pour un service souvent banal.

L'homme que le sort a placé dans une situation pareille, vrai père d'une famille énorme, s'y maintient quand il est très bon, très juste, très droit. Sinon, au premier scrutin, on en cherche un autre. Maintenant, jugez et dites-nous si les suffrages des électeurs de Montélimar, fidèles pendant trente ans, ne sont pas le plus haut témoignage des vertus privées et publiques de M. Loubet. Ces vertus, il les apporte dans sa haute fonction. Il est très grave et très bon.

Voyez quel empressement il a mis à signer des grâces aussi souvent que les commissions ne s'y sont pas absolument opposées. Il a fait des loisirs à Deibler ; il a donné la vie à l'assassin Schneider, à beaucoup d'autres, et il ne semble nullement que cette indulgence ait accru le nombre des crimes. Il a signé trois fois des décrets englobant des catégories nombreuses de condamnés. Il a fait mettre en liberté, après neuf mois de prison sur quatre années, le baron Christiani qui l'avait frappé à Auteuil. Il a eu la sagesse de gracier Dreyfus, le conseil de guerre de Rennes ayant d'ailleurs rendu cette solution inévitable en condamnant le malheureux à une peine dérisoire et en lui accordant à l'unanimité des circonstances atténuantes qui eussent été incompréhensibles si les conditions du jugement avaient été normales. Les grâces concernant les soldats ont été d'ailleurs innombrables : aucun président n'a jamais tant usé de ce droit régulier et glorieux que la constitution confère au premier magistrat de la République.

Quant à ses dons, à ses aumônes, à ses dépenses de toutes sortes, il nous a paru nécessaire de les connaître pour juger l'homme et nous les avons relevés, autant qu'il était possible de le faire, à l'aide des journaux, auprès des sociétés diverses et des institutions de bienfaisance. Le chiffre en est considérable. Les prédécesseurs de M. Loubet ne l'ont certainement jamais atteint, même lorsqu'ils répandaient leurs bienfaits avec la plus complète largesse.

Cependant la fortune totale de M. Loubet fait petite figure à côté des puissants revenus de MM. Casimir Périer et Félix Faure ou de la médiocrité cossue de Carnot. Or, pour une année, ce que nous avons pu connaître des dons répartis par l'Élysée ne s'élève pas à moins de cent sept mille francs, addition faite des dons publiés ou connus. Les sommes distribuées au lendemain de son élection, aux pauvres de Paris, aux hôpitaux de Paris et de Montélimar, aux employés du Luxembourg, aux agents de la compagnie de l'Ouest et à beaucoup d'autres, atteignent vingt-cinq mille quatre cents francs. Au cours de ses voyages et déplacements, nous trouvons les hôpitaux et le bureau de bienfaisance de Dijon pour deux mille francs, les œuvres philanthropiques de Rambouillet pour mille francs ; trois mille trois cents francs ont été attribués aux victimes des sinistres que nous avons vu se produire ; cinq cents francs aux victimes de l'explosion de Toulon, deux cents pour la fête de charité, huit cents pour la catastrophe de Juvisy, cinq cents aux incendiés de Saint-Ouen, entre beaucoup

Le Président inaugure l'Exposition

d'autres, etc. Des contributions volontaires de M. Loubet aux œuvres de bienfaisance ont bénéficié, entre plusieurs, l'œuvre des soupes populaires, l'hôpital des enfants assistés, l'hôpital des enfants malades, plusieurs caisses d'assistance et de mutualité scolaires, les arrondissements pauvres de Paris, la cavalcade de la mi-carême, l'œuvre de la bouchée de pain, l'œuvre des vacances scolaires, les colonies de vacances, l'orphelinat alsacien-lorrain, l'œuvre des enfants tuberculeux d'Ormesson. Cinq mille neuf cent cinquante francs ont été, à notre connaissance, répartis entre diverses sociétés de mutualité, Associations de presse, des Artistes dramatiques, des Étudiants, des Anciens militaires, Assistance par le travail, caisses de retraites des Officiers de réserve, anciens Combattants de 1870, concerts du Conservatoire, Amis des arts, Souvenir français, Mutuelle des voyageurs de commerce, société des Gens de lettres, Femmes de France et Dames françaises, Œuvres de mer, Légion d'honneur, Sauvetage de l'enfance, société de Saint-Maixent, la Saint-Cyrienne, etc., pour ne citer que les principales et les mieux dotées par la générosité du donateur.

Le président de la République reçoit cent mille francs par mois ; mais il est obligé de faire face à la dépense d'une maison qui comporte un nombre interminable de domestiques, concierges, gardiens, huissiers, valets de chambre, maîtres d'hôtel, cuisiniers, de cochers et valets de pied, pour voitures et chevaux, sans compter le service personnel du président. C'est lui qui paie le traitement de ses chefs de cabinet, sa maison, ses secrétaires et tout le personnel du secrétariat, qui complète la solde de tous les militaires, depuis le plus haut officier jusqu'au plus humble soldat attaché à sa maison. Avec cela, il a la charge de l'entretien de tout ce qui est réservé dans les châteaux et jardins de Rambouillet, Fontainebleau, les tirés de Marly, toutes les dépenses d'un luxe immense et obligatoire, qui exige un soin vraiment méticuleux dans les comptes. C'est à cet ensemble qu'il faut ajouter les sommes prélevées sur le budget présidentiel par la charité pour en comprendre l'étendue.

Nous avons vu M. Loubet, mutualiste déterminé, s'efforçant d'instituer à Montélimar des associations de toute espèce. Son discours au Sénat nous montre l'intérêt qu'il apporte aux œuvres de prévoyance, soit qu'elles émanent de l'initiative même des petits ou des particuliers, soit qu'elles aient leur source dans les fondations humanitaires des grands patrons et de l'Etat. A peine installé depuis quelques mois dans ce palais de l'Elysée, où tous les serviteurs dépendent du président, au point qu'il peut à son gré renouveler son personnel, comme le ferait un chef de maison en achetant le logis d'un autre, il commença par conserver tout le monde. Le personnel lui en fut infiniment reconnaissant. M. Loubet alors résolut de constituer une caisse de retraites au profit de ces agents ; il les fit consentir au versement d'une part sur leur salaire et, de sa bourse, il verse dans cette caisse une somme égale à chacun de leurs dépôts mensuels ou annuels.

A ce don splendide et à cette promesse que les présidents tiendront à honneur de remplir, comme M. Loubet la tiendra lui-même tant qu'il sera là, le personnel de l'Elysée répondit par une manifestation de sympathie émue. Une délégation demanda à être admise auprès du président et lui présenta une adresse de remerciements où ces braves gens avaient mis tout leur cœur.

Le 24 décembre, Mme Loubet, à l'occasion de Noël, fit distribuer aux enfants de ces mêmes employés des jouets et des friandises. Bonne pour tous, avec cette autorité qui donne du prix à la grâce, Mme Loubet a infiniment contribué à créer autour du président cette atmosphère de sympathie qui a eu raison des pires haines et qui, à la longue, effacera ce qui peut en demeurer. Conseillère et guide impeccable, elle a été dans la vie de M. Loubet la bienfaisante, la consolatrice, celle qui rend du cœur aux heures tristes et la force aux jours de découragement. Elle a été ce que sont si souvent ces admirables femmes françaises, qui participent par leur influence et par leurs bons avis aux travaux, aux actions de l'homme, comme elles partagent leurs bonheurs pour en accroître le prix, leurs douleurs pour en diminuer le fardeau. Elles ont l'instinct inné de la grâce et de la plus exquise correction : nul rôle, si haut qu'il soit, ne les trouve inférieures. Mme Loubet s'est montrée à l'Elysée la maîtresse de maison accomplie ; elle a su tenir son rang avec une distinction exceptionnelle. Placée à ces hauteurs où tant de regards hostiles surveillent les moindres erreurs pour les relever et pour en rire, elle n'en a commis aucune. Elle possède ce sens naturel des nuances, qui est le secret de la vie mondaine. Son dévouement a soutenu plus d'une fois M. Loubet dans les heures difficiles et sa merveilleuse bonté lui a gagné tous les cœurs.

Dans la tâche de haute solidarité qui appartient au président, et qui l'oblige à représenter la France, la République, auprès des malheureux souffrants, Mme Loubet a pris noblement la part qui lui appartenait. Elle a visité dans Paris presque toutes les crèches des quartiers populaires, un grand nombre d'écoles maternelles, les maternités et les hôpitaux de femmes, les établissements privés ou publics destinés à hospitaliser les mères et les enfants. Elle est allée avec son jeune fils Emile, chargé de l'aider dans ses distributions de jouets aux petits déshérités, visiter l'hôpital des Enfants assistés, rue Denfert-Rochereau. Partout sa charité a répandu ces riches aumônes dont nous avons donné les totaux. Mais que les chiffres et les sommes sont peu de chose auprès de cette abondance du cœur qui met un prix inestimable aux générosités presque officielles ! Mère de famille, Mme Loubet sait compatir aux misères des pauvres femmes vaincues par la destinée ; elle a des regards et des tendresses pour la multitude des petits que l'indigence étreint au berceau. Le souvenir de son sourire demeurera longtemps dans les foyers qu'il a illuminés un jour, et peut-être sa bienfaisance a-t-elle réconcilié plus d'un malheureux avec la société qu'il haïssait et la vie qu'il eût abandonnée sans regret.

M. Paul Loubet, docteur en droit, avocat à la cour d'appel, fils du président, est un jeune homme de vingt-six ans, vraiment distingué. Il a su faire apprécier auprès de son père son tact et la modestie la plus parfaite.

La maison civile du président de la République se compose de MM. Combarieu, directeur du cabinet ; Roussel, sous-directeur ; Poulet, chef du secrétariat.

M. Combarieu est né en 1856, à Cahors. Avocat, appartenant à une vieille famille républicaine, il fut, à la *République Française*, l'un des collaborateurs de Gambetta. Il entra dans l'administration ; successivement secrétaire général de plusieurs départements, sous-préfet, chef de cabinet du préfet de la Seine, préfet de l'Ain et de la Meuse, d'un jugement sûr, d'un dévouement admirable, M. Combarieu apporte au Président un concours des plus précieux et lui crée, dans son délicat service, des sympathies chaque jour plus nombreuses.

M. François Roussel a suivi le Président du Sénat à l'Elysée, après avoir déjà fait partie de son cabinet au ministère de l'intérieur. Maître des requêtes au Conseil d'Etat, officier de la Légion d'honneur, il appartient, pour ainsi dire, à la famille du Président, qu'il n'a pas quitté depuis 1892.

M. Henry Poulet, licencié ès lettres et docteur en droit, qui joint à la générosité de la jeunesse une rare maturité d'esprit, est chargé spécialement des œuvres de bienfaisance, de la correspondance privée et des rapports avec la presse.

Au cours de l'étude que nous avons entreprise et que nous achevons ici — car après avoir esquissé à grands traits le portrait et l'histoire passée de M. Loubet, il ne saurait nous convenir de citer un à un les actes de sa fonction ni de les juger prématurément, — c'est à peine si nous avons indiqué les grands événements de ces derniers mois. Il en est un pourtant qui les couronne tous, qui marque une étape considérable, non seulement dans notre histoire, mais dans celle du genre humain tout entier, et auquel M. Loubet a donné le caractère d'un acte grandiose par la manière dont il a entendu le rôle que sa fonction lui commandait d'y remplir. Le 14 avril 1900, dans la salle des fêtes du Champ de Mars, M. Emile Loubet ouvrait solennellement l'Exposition universelle.

Ce qu'est l'Exposition, ce livre, qui va paraître à l'heure même où elle resplendit, ne saurait le dire comme il conviendrait. Le monde entier a résolu d'y prendre part. Les nations y sont représentées par les plus merveilleuses productions de leur sol et de leur industrie. Devant l'immensité des richesses accumulées, l'esprit s'égare, l'imagination s'exalte. La conquête de l'homme sur cette humble terre, déjà trop étroite pour ses espoirs, semble assurée. Paris a vu surgir d'incomparables merveilles. Nul doute que les peuples accourus pour emplir leurs yeux de ces splendeurs, ne rapportent chez eux la vision d'une humanité fraternelle et libre dans la paix et dans le travail. Si une telle conviction est illusoire, du moins la leçon que l'Exposition donne au monde ne saurait être perdue. Qu'est-ce que le représentant de la République française allait dire en conviant les délégués des nations à ouvrir avec lui cette fête sans pareille ?

La cérémonie s'est déroulée dans le cadre le plus grandiose que le monde ait jamais connu. La salle que l'on a construite dans la galerie des machines est si vaste que vingt mille personnes y peuvent tenir à l'aise. Au plafond s'ouvre une immense verrière dont les couleurs répandent une lumière chatoyante et adoucie. Toutes les autorités de la République avaient pris place dans cette enceinte. Les ambassadeurs étrangers y siégeaient et, avec eux, les commissaires envoyés par les gouvernements pour les représenter à l'Exposition. Deux larges travées étaient réservées à la presse. Le reste de ces vingt mille places était occupé par les entrepreneurs et par un grand nombre d'ouvriers de ces chantiers prodigieux. M. Millerand, ministre du commerce prend le premier la parole et avec la chaude éloquence qu'on lui connaît, il fait le tableau des merveilles réalisées par le génie humain. Il salue le travail vainqueur de la matière et de l'erreur. Tandis qu'il achève en résumant l'œuvre de cette exposition et que la salle éclate en applaudissements et en des vivats prolongés, M. Loubet se lève à son tour et parle.

Minute solennelle ! La noble invocation au travail que l'on vient d'entendre a disposé tous les cœurs. D'une voix forte, avec son léger accent dauphinois, M. Loubet prononce le discours suivant :

Messieurs,

En conviant les gouvernements et les peuples à faire avec nous une synthèse du travail humain, la République française n'a pas eu seulement la pensée d'instituer un concours de merveilles visibles, et de renouveler sur les bords de la Seine un antique renom d'élégance et de courtoise hospitalité.

Notre ambition est plus haute : elle dépasse infiniment l'éclat des fêtes passagères et ne se borne pas, quelque patriotique réconfort que nous éprouvions aujourd'hui, aux satisfactions de l'amour-propre ou de l'intérêt.

La France a voulu apporter une contribution éclatante à l'avénement de la concorde entre les peuples. Elle a conscience de travailler pour le bien du monde, au terme de ce noble siècle, dont la victoire sur l'erreur et sur la haine fut, hélas ! incomplète, mais qui nous lègue une foi toujours vivace dans le progrès.

Aussi les institutions d'économie sociale occupent-elles ici la plus large place. En nous faisant connaître l'effort individuel de chaque Etat pour perfectionner l'art de vivre en société, elles donneront son caractère essentiel à cette Exposition, qui doit être une éblouissante et immense école d'enseignement mutuel. Elles ne nous font oublier, ai-je besoin de le dire ? ni les découvertes de la science, ni les chefs-d'œuvre de l'art et de l'industrie ; mais elles nous apparaissent comme le but de la civilisation et la raison d'être de notre œuvre.

C'est, sans doute, un admirable spectacle que celui de

l'intelligence disciplinant les forces du monde physique et soumettant la nature à des combinaisons imprévues, d'où nous tirons un surcroît de bien-être et de jouissances esthétiques; mais autant le génie domine l'aveugle matière, autant il est inférieur à la Justice et à la Bonté. La forme la plus élevée du beau n'est pas de celles qu'on peut indiquer par des numéros sur un catalogue ; visible seulement pour la conscience morale, elle se trouve réalisée, lorsque des intelligences supérieures et diverses, groupant leurs efforts, sont animées, comme les machines de nos galeries, par un grand moteur commun : le sentiment de la solidarité.

J'ai plaisir à proclamer que tous les gouvernements rendent hommage à cette loi supérieure. Et ce ne sera pas le moindre résultat de ce grand concours de bonnes volontés que cette constatation : malgré les rudes combats que se livrent les peuples sur le terrain industriel, commercial, économique, ils ne cessent de mettre au premier rang de leurs études les moyens de soulager les souffrances, d'organiser l'assistance, de répandre l'enseignement, de moraliser le travail, d'assurer des ressources à la vieillesse.

J'adresse à ces gouvernements, dont le concours nous a été précieux, un salut cordial. Je souhaite la bienvenue à leurs distingués représentants : ils ont été les collaborateurs éclairés de l'œuvre commune et ont une grande part à son succès. Je n'ai garde d'oublier nos ingénieurs, nos architectes, nos artistes, nos constructeurs et entrepreneurs, nos ouvriers qui, sous la direction de l'homme éminent que M. le ministre du commerce louait si justement, ont mené à bien, à travers de nombreuses difficultés, cette colossale entreprise, et, à l'heure fixée, nous la livrent dans son complet épanouissement.

Messieurs, cette œuvre d'harmonie, de paix et de progrès, si éphémère qu'en soit le décor, n'aura pas été vaine. La rencontre pacifique des gouvernements du monde ne demeurera pas stérile. Je suis convaincu que, grâce à l'affirmation persévérante de certaines pensées généreuses dont le siècle finissant a retenti, le vingtième siècle verra luire un peu plus de fraternité sur moins de misères de tout ordre, et que, bientôt peut-être, nous aurons franchi un stade important dans la lente évolution du travail vers le bonheur et de l'homme vers l'humanité.

C'est sous les auspices de cette espérance que je déclare ouverte l'Exposition de 1900.

Une immense acclamation éclate et se prolonge pendant de longues minutes. La *Marseillaise* retentit ; vingt mille hommes, qui représentent toutes les races civilisées de l'univers, debout et émus, applaudissent encore ces nobles paroles. Cependant le président quitte sa place. Il traverse la salle dans son entier. Suivi de ses ministres, du bureau des Chambres et de tout un cortège en habits noirs, parmi lesquels se détachent les aigrettes et l'or des uniformes, il monte le long escalier qui mène à la salle d'honneur, où il recevra tout à l'heure les commissaires étrangers. Des cavaliers de la garde républicaine, casqués, bottés, en culotte blanche, roides et immobiles, font la haie jusque là-haut, si haut et si loin que les derniers paraissent des pygmées. Jamais plus colossale mise en scène ne réalisa le rêve de splendeur que représente l'accueil des nations par un peuple tel que le nôtre.

Quand aux paroles que le président a prononcées ce jour-là, croyez-bien que l'écho en a été profond dans la conscience française et dans le monde civilisé. Ce ne sont pas les saluts banals à la paix, à la concorde, ni même les phrases d'Exposition affirmant la beauté du progrès. Au-dessus des conquêtes de la science et de l'industrie, M. Loubet élève cette recherche de la morale sociale qui fait la grandeur de notre siècle et qui cause son angoisse. Pour la première fois, même au nom de la République française, qui n'osait pas encore prononcer ces mots, le siècle entend parler de Justice et de Bonté. Et ce qui fait ce discours sublime, en vérité, c'est qu'il n'est pas l'expression de la pensée gouvernementale d'une heure, mais le résumé de l'effort constant de toute une vie, le testament politique et social d'un homme qui n'a pas varié un seul jour.

« Soulager les souffrances, organiser l'assistance, répandre l'enseignement, moraliser le travail, assurer des ressources à la vieillesse. » Programme simple et splendide, énoncé par un brave homme dont la foi, nous en avons fourni mille preuves, date des jours lointains de sa jeunesse.

Au milieu des iniquités du passé, la voix de nos grands bourgeois d'il y a cent ans et plus, appela les peuples à la liberté, à l'égalité. Le pacte scellé à Vizille, proclamé à Paris devant les races étonnées, nous a fait un siècle de hautes âmes et de grandes actions, d'où seules étaient exclues peut-être cette justice et cette bonté que le discours de M. Loubet a évoquées. La France intelligente et de loisir a élargi son rêve. Autant les parlementaires de 1789 étaient supérieurs à leur devanciers, les humbles représentants d'autrefois, autant les républicains de nos jours, fils de leur siècle, vibrants encore du rêve de 1848, imprégnés de cet immense philosophie du devoir social dont Fourier et Saint-Simon, Proudhon et Lamartine, Victor Hugo et Michelet sont les prophètes inspirés, — même s'ils sont obscurs, — dépassent, en intelligence du progrès, leurs illustres devanciers.

Il est né des générations que ne satisfont plus ni la liberté, ni le droit ancien, qui aspirent à faire une humanité cordiale et douce à tous ses fils ; ce que la charité chrétienne a été impuissante à réaliser, elles veulent le demander à la justice ; comment n'auraient-elles pas tressailli d'une puissante émotion en écoutant la voix qui, de si haut et avec un si grand retentissement, osait traduire leur rêve ?

Pour nous, émus et pénétrés d'un filial respect pour l'homme dont la bouche a dit ces paroles solennelles, nous prions le lecteur de cet ouvrage de les lire, de les relire et de les méditer. Si notre plume fut impuissante à faire le portrait de cet honnête homme et de ce bon citoyen, lui-même s'est peint dans cette page unique, et elle supplée à tout pour le faire connaître et pour le faire aimer. Que de choses nous resteraient à dire auxquelles il nous faut renoncer ! N'importe.

D'autres essayeront un jour de peindre cette douce et grave figure. Elle s'élèvera des brouillards dont la calomnie et la haine se sont vainement efforcées de l'obscurcir.

Et la démocratie française gardera, parmi ses plus

populaires souvenirs, le nom de celui qui fut un modeste et infatigable serviteur, un écho fidèle et résolu de la conscience nationale. — par-dessus tout, un brave homme.

TABLE DES GRAVURES

Le Président Émile Loubet.
Madame Émile Loubet.
La mère du Président
La maison de M. Loubet, rue Quatre-Alliances, Montélimar.
La ferme de Marsanne.
Arrivée du Président à Valence.
Remise des décorations.
L'entrée à Montélimar, le 6 avril 1899.
Les Arcs de triomphe.
Une garden-party à l'Elysée.
Un fragment du Message.
Madame Loubet à la Madeleine (Anniversaire du Président Faure).
Le Président dans son cabinet de travail à l'Elysée.
Le Président inaugure l'Exposition.

Achevé d'imprimer

le vingt-deux mai mil neuf cent

par l'IMPRIMERIE GÉNÉRALE

de Grenoble.

www.ingramcontent.com/pod-product-compliance
Lightning Source LLC
Chambersburg PA
CBHW070824170426
43200CB00007B/892